Carl Heinrich Rohe

Ebenezer

Eine geschichtliche Erzählung

Carl Heinrich Rohe

Ebenezer

Eine geschichtliche Erzählung

ISBN/EAN: 9783742813473

Hergestellt in Europa, USA, Kanada, Australien, Japan

Cover: Foto ©ninafisch / pixelio.de

Manufactured and distributed by brebook publishing software (www.brebook.com)

Carl Heinrich Rohe

Ebenezer

Ebenezer.

Eine geschichtliche Erzählung

von

C. H. Rohe.

Zweite Auflage.

Columbus, Ohio:
Druck des Lutherischen Verlags.
1891.

COPYRIGHT
BY C. H. ROHE,
1891.

Inhalt.

Erstes Buch.

Erstes Kapitel	1
Zweites Kapitel	9
Drittes Kapitel	20
Viertes Kapitel	28
Fünftes Kapitel	40
Sechstes Kapitel	53
Siebentes Kapitel	66
Achtes Kapitel	79
Neuntes Kapitel	89

Zweites Buch.

Erstes Kapitel	99
Zweites Kapitel	110
Drittes Kapitel	119
Viertes Kapitel	130
Fünftes Kapitel	144
Sechstes Kapitel	155
Siebentes Kapitel	164
Achtes Kapitel	181
Neuntes Kapitel	191

Ebenezer.

Erstes Buch.

Erstes Kapitel.

Das rechte Ufer des Savannahflusses entlang, der die Grenzscheide zwischen Süd-Carolina und Georgia bildet, führte in der Mitte des vorigen Jahrhunderts eine breite, viel befahrene Landstraße von Augusta in Georgia nach Savannah hinunter, die Savannah Road genannt. Am untern Lauf des Flusses, einige zwanzig Meilen von seiner Mündung, schlängelte sie sich um die Hüfte eines Berges herum, der über seine Brüder mächtig emporragte und immer nur als der Blaue Berg bezeichnet wurde. Hier kam an einem Märztage des Jahres 1752 ein einsamer Reiter, dessen struppiger Bart bereits am Ergrauen war, daher geritten, und als er den höchsten Punkt erreicht hatte, von wo aus er über eine weite, im Glanz einer wolkenlosen Nachmittagssonne liegende Gegend nach Süden hin den Blick schweifen lassen konnte, hielt er unwillkürlich sein Pferd an und sagte, in die prächtige Ansicht versunken, vor sich hin: „Welch ein schöner Anblick doch!" Laß uns, lieber Leser, ein wenig seinen Blicken folgen und ansehen, was er sah.

Zu seiner Linken wogt der mächtige Savannahfluß hinunter dem atlantischen Meere zu. Seine Ufer steigen stellenweise flach und allmählich an, dann wieder erheben sie sich steil oft bis zu einer bedeutenden Höhe, allenthalben aber hüllen sie sich in üppiges, wild wucherndes Gestrüpp. Auch diesen Frühling war der Fluß, wie gewöhnlich, von dem in nördlichen Gebirgen geschmolzenen Schnee und Eis gewaltig angeschwollen und hatte die Niederungen überschwemmt, wovon der Bodensatz noch jetzt überall zu sehen war. In solchen Zeiten rauscht und schäumt er heftig in seinen Biegungen um die Felsenvorsprünge dahin und bringt alles, was auf seinen Rücken sich wagt, in große Gefahr. Am südlichen Fuße des Blauen Berges, wo unser Reiter hält, murmelt der kleine Ebenezerfluß in seinen Schlangenkrümmungen von West nach Ost gemächlich vorüber, bis er in den Busen des Savannah sinkt. Jenseits desselben schwanken die Wipfel eines dunklen Urwaldes in den Lüften, der sich westlich bis in die blaue Ferne verliert, und hinter diesem am Ufer des Savannah leuchtet von einer Hochebene ein kleines Städtchen freundlich herüber. Es ist Ebenezer, die erste amerikanische Niederlassung der lutherischen Salzburger, die in der ersten Hälfte des achtzehnten Jahrhunderts um ihres Glaubens willen in dem Erzbistum Salzburg verfolgt und von Haus und Hof aus ihrem Vaterlande vertrieben worden waren und nun an den westlichen Gestaden des atlantischen Meeres unter großen Drang'alen eine Zufluchtsstätte gesucht hatten, wo sie, wenn auch bei saurer Arbeit und oft bitterer Not, doch in ungestörter Gewissensfreiheit ihres Glauben leben und ihrem Gotte dienen könnten. Das ganze Städtchen bedeckt nur einen Raum von einer Viertelmeile im Viereck. Dieser Raum ist eingeteilt in kleine Vierecke, deren jedes zehn Bauplätze umfaßt, im ganzen hundert und sechzig. Drei weite Straßen laufen durch das Städtchen von Ost nach West, quer durchschnitten von vier ebenso breiten Straßen von Nord nach Süd; außerdem aber läuft noch eine Anzahl von engen Gassen von Nord nach Süd. Vier Vierecke sind zu Marktplätzen bestimmt, und vier dienen als öffentliche Parks. Auf zwei Dritteln eines Blocks im Mittelpunkt der ganzen Niederlassung erheben sich eine Kirche, welche ein bescheidener Turm krönt, ein Pfarrhaus auf der einen und eine Schule auf der andern Seite; und ebenso viel Raum in geringer Entfernung davon wird von einem Waisenhause und einer Seidenspinnerei eingenommen. Eine kleine Strecke östlich von Ebenezer hoch über den Wassern des Savannah liegt der Gottesacker. Nördlich und westlich dehnen sich frische Wiesen für das Rindvieh und südlich für die Schafe und Ziegen. Im Norden und Süden von Ebenezer, unmittelbar an das Städtchen gelagert, blühen und duften aber auch die reinlichen Gärten der Einwohner und noch weiter westlich und südlich an den niedrigen Ufern des Mühlflusses und des Kleinen Flusses, die mit dem Savannah, in welchen sie beide fallen, ein großes Dreieck bilden, lachen die Plantagen der Salzburger, deren jede beinahe fünfzig Acker groß ist. Die ganze Umgegend ist sanft wellenförmig und zum größten Teil mit dichten Waldungen bekleidet; nur dunsten auch an drei Seiten des Städtchens niedrige Sümpfe, die, wenn der Savannah bei Hochwasser austritt, überflutet und dann in der heißen Jahreszeit für die Gesundheit der Einwohner oft höchst gefährlich werden.

Doch unser Reiter hat sich schon wieder in Bewegung gesetzt und ist bereits den Blauen Berg herunter bis an das Ufer des Ebenezerflusses gelangt. Brücken gab es zur damaligen Zeit in diesen Wildnissen nur erst wenige; der Ebenezerfluß war noch mit keiner bedacht worden, obwohl man schon oft davon geredet und die Notwendigkeit einer solchen gefühlt hatte. Doch war auf andere Weise für das Hinüberkommen gesorgt. Ein Mann machte es sich zum Geschäft, die Reisenden gegen eine geringe Erkenntlichkeit mit einem kleinen Boote über zu setzen. Unser Reiter sprang alsbald vom Pferde, setzte sich zu dem Fährmann in den Kahn und ließ sich hinüberfahren, indem er sein Pferd am Zügel hielt und nebenher schwimmen ließ. Nachdem er glücklich hinübergelangt war und dem Fährmann in die bereits stumm ausgestreckte Hand ein Trinkgeld hatte gleiten lassen, schwang er sich wieder auf sein triefendes Roß und sprengte nun rascher auf der Straße vorwärts in das Dunkel des Waldes hinein.

Er mochte so wohl eine halbe Meile getrabt sein, als das kurze, gellende Gebell zweier Doggen an sein Ohr schlug. Nach wenigen Minuten stürzte ein prächtiger Hirsch mit mächtigem Geweih quer über die Straße und zwei Hunde lechzend hinter ihm drein. In demselben Augenblick schon krachte ein Schuß aus dem nahen Dickicht, der den Hirsch an der Seite der Straße niederstreckte. Das alles geschah so schnell und plötzlich, daß das nichtsahnende Pferd unseres Freundes scheute, sich bäumte, mit einem gewaltigen Satze seitwärts sprang und seinen Reiter mit großer Wucht in den Seitengraben schleuderte. Gleich darauf trat ein hochgewachsener junger Mann aus dem Gebüsch hervor, die Flinte auf der Schulter und die Jagdtasche auf der linken Hüfte. Einen Augenblick stand er beim Anblick des Mannes und Pferdes entsetzt still, in der Meinung, er habe statt des Hirsches den Mann getroffen. Dann sprang er hinzu, faßte den Mann an und richtete ihn zitternd auf. „Ha! Kalcher!" stieß er hervor, als er sein Angesicht erblickte, das von großen Schrammen blutete. Jetzt kam Kalcher wieder zu sich, stierte den jungen Mann etwas verwirrt an und frug:

„Wer bist du?" „Ich bin Joachim Kronberger," gab der Ankömmling zur Antwort. „Ach so, der Wilde Jochem, der nichts kann, als Menschen und Vieh unglücklich machen!" brummte Kalcher ärgerlich. Unser Jäger war nämlich ein Grobschmied in Ebenezer, der schon manchmal beim Beschlagen widerspenstiger Pferde so wild aufgefahren war, daß er ihnen mit dem Hammer Rippen eingeschlagen hatte, weswegen ihm der Beiname des Wilden angehängt worden. „Ich wollte," verteidigte Jochem sich jetzt, „diesem Hirschvieh den Daumen ein wenig aufs Auge drücken. Das Ungeziefer wird jetzt so frech, daß allnächtlich zehn und zwanzig Stück in unsern Garten kommen und schier all unsere Bohnen und Kürbisse abfressen." „Aber dann sieht man zu, wohin man schießt und wann man schießt, und pufft nicht so ins Blaue hinein!" erwiderte der Gefallene noch zorniger, indem er stöhnend nach seiner linken Schulter griff. „Was ist denn nun eigentlich geschehen?" fragte der junge Mann aus Mangel an einer besseren Antwort. „Was geschehen ist, dummer Junge? Weißt du, wodurch man dich von einem verbrannten Fenzpfosten unterscheiden kann? Ein Fenzpfosten ist unten verbrannt, du aber oben. Was geschehen ist? Du hast geschossen, mein Pferd ist gescheut, und ich habe mein linkes Schulterblatt gebrochen; das ist geschehen! Junge, wann willst du einmal Verstand kriegen! Jetzt hilf mir wieder auf mein Pferd, wenn du nicht noch ein paar hinter die Ohren haben willst! Meine Rechte ist noch gesund!" Das Pferd war still stehen geblieben, zitterte aber noch vor Schrecken und schnob, während sein Herr den Wilden Jochem so zurechtsetzte, mit roten Nüstern den toten Hirsch an. Ohne weiter noch ein Wort zu seiner Entschuldigung zu sagen, faßte Jochem den Verwundeten um die Brust, trug ihn aus dem Graben heraus und half ihm vorsichtig wieder auf sein gedul=

biges Pferd, während jener vor Schmerz und Ärger zugleich seine Zähne zusammenbiß und manchmal bei einer raschen Bewegung vor Pein aufschrie. Jochem nahm das Tier am Zügel und führte, nebenher gehend, Kalcher langsam weiter die Straße entlang auf Ebenezer zu.

An diesem Tage war auch unter Kalchers Angehörigen zu Hause der Schrecken wie ein Habicht unter Hühner gefahren. Sein Haus war auf der Südwestseite von Ebenezer das letzte und aus schlichten Brettern gezimmert. Vor demselben standen einige junge Obstbäume, die Kalcher selbst angepflanzt hatte, und hinter dem Hause lag der kleine Garten. Links von diesem stand der Viehstall, und rechts erstreckte sich eine kleine Wiese, die weiterhin sich zum Sumpfe senkte. Hier hatte Kalchers Gattin, eine Frau von etwa vierzig Jahren und sehr eblen Gesichtszügen, am Vormittag ihre unreine Wäsche zusammen getragen und auf mehrere Häuflein gelegt und den Waschzuber auf einem ungestülpten Stuhl festgestellt, um dann an die Arbeit zu gehen. Zuvor aber eilte sie noch wieder ins Haus zurück, um ihren beiden kleinsten Kindern zu essen und Spielsachen zu geben, ihrer siebenjährigen Sophie die Hut derselben einzuschärfen, das Feuer unter dem Waschwasser zu schüren und selber einen kleinen Imbiß zu nehmen. Im Begriffe, wieder auf die Wiese zurückzugehen, sagte sie zu den Kleinen: „Mariechen, wenn ihr euer Butterbrot aufgegessen habt und seid müde vom Spielen, dann nimmst du Fritzchen bei der Hand und kommt durch den Garten zu mir auf die Wiese. Bleibt aber im Wege und trampelt nicht auf den Gurken und Zwiebeln herum, hört ihr! Sophie," wandte sie sich zu der älteren, „paß auf! Und bleibt vom Ofen weg!" „O Mutter!" rief diese, zur hinteren Thür hinaus zeigend, „was ist das für ein Rauch?" Ihre Mutter sprang hinaus. Der Wind, der sich schon heute Morgen aufgemacht, hatte wie mit Flügeln ein Feuer aus dem Walde in dem dürren Grase vom letzten Jahre daher gejagt, welches ihre Wäsche verzehrte, dann um Ebenezer herum sogar bis zum Gottesacker lief und den Zaun desselben beträchtlich beschädigte, wo es endlich den Anstrengungen der herbeieilenden Weiber und Kinder, da die Männer fast alle in den Feldern an der Arbeit waren, gelang, mit Röcken, Tüchern und was sie sonst aufgreifen konnten, die Flammen auszuschlagen. Mit Schrecken wurde Frau Kalcher gewahr, daß der größte Teil ihrer Wäsche verkohlt war, und nicht viel gefehlt hätte, so wäre das Feuer auch bis an ihren Stall gelangt. Mit thränenden Augen sammelte sie dann, was irgend noch brauchbar zu sein schien, auf und brachte es wieder ins Haus zurück. Sie mußte sich niedersetzen und erst herzlich ausweinen: denn nun hatte sie fast kein heiles Hemd mehr für die Ihrigen. Ihre Kleinen hängten sich an ihre Kniee und kletterten auf ihren Schoß, als sie ihre Mutter so weinen sahen, und fragten: „Mutter, was weinst du?" und fingen endlich selbst an zu weinen. Da raffte sie sich wieder auf und wischte kräftig die letzten Thränen von den Wangen, indem sie sagte: „Was Gott thut, das ist wohlgethan!" und fuhr dann wieder rüstig in ihrer Hausarbeit fort.

Sie hatte noch keine zehn Minuten fortgearbeitet und sich über ihren Verlust, der für sie ein großer war, zu trösten gesucht, als ihr neunjähriger Sohn Wilhelm in größter Hast dahergelaufen kam und schon von weitem atemlos jammerte: „Mutter, ich bin verbrannt; hilf mir!" Mit neuem Schrecken stürzte sie ihm entgegen und fragte zitternd: „Wo bist du verbrannt?" Sie hätte aber nicht nötig gehabt, erst zu fragen. Den Hut hatte er verloren. Das Haar war fast gänzlich vom Scheitel herunter gebrannt; auch die Augenbrauen waren versengt; die Kleider an vielen Stellen löcherickt, mürbe und verkohlt, daß sie abfielen; und die Hände, womit er immer zu löschen gesucht hatte, waren so übel zugerichtet, daß das Fleisch teilweise sich ablöste. „Gott stehe uns bei!" stieß Frau Kalcher hervor, indem sie ihn in ihre Arme schloß und mit ihm zum Hause lief. Hier legte sie ihn sogleich ins Bett und schickte ihre Sophie los, den Doktor Mayer zu holen. Sie untersuchte sorgfältig alle Stellen, wo das Feuer geleckt hatte, und wandte die besten ihr bekannten Hausmittel zur Linderung an. „Wie ist das nur zugegangen, mein Sohn?" fragte sie dann, indem die Thränen ihr wieder in die Augen traten. Der Knabe, der eine große Kraft und Geduld in seinen Schmerzen bewies, erzählte: „Als wir, unser Neger Anton und ich, heute Morgen die Kühe durch den Wald auf die Weide getrieben hatten, blieb Anton noch lange Zeit da bei mir und spielte mit mir. Endlich fragte ich ihn: Wann willst du denn aufs Feld an die Arbeit gehen, wie die Mutter dir gesagt hat?" „Was frage ich nach deiner Mutter!" sagte er. „Dein Vater ist ja nicht zu Hause!" „Das sage ich aber meinem Vater, wenn er heim kommt," sagte ich. „Wenn du das thust," sagte er wieder, „dann schlage ich dir deine beiden Augen aus dem Kopfe. Komm, laß uns lieber das dürre Gras anstecken, das hier dieses Frühjahr ja noch nicht weggebrannt ist. Dann sollst du sehen, in ein paar Tagen kommen die wild gewordenen Rinder aus den Sümpfen und Wäldern dort hinten heraus, um das junge, süße Gras hier zu fressen. Dann wollen wir aber unsern Spaß haben. Wir hetzen unsere Hunde hinter sie; dann legen sie den Schwanz auf den Rücken und schnauben wild wieder zum Walde zurück." „Das sag' ich aber meiner Mutter!" sagte ich und ging fort. Er aber steckte hinter mir an. Ich lief, was ich konnte, daß ich zweimal hingefallen bin.

Aber das Feuer hat mich eingeholt und mich so verbrannt.
„Der böse, böse Anton also wieder!" seufzte Frau Kalcher;
„der Heide bringt uns noch unter die Erde! Es will doch an
dem armen Menschen Gottes Wort und alle Ermahnung auch
gar nichts fruchten. Gott erbarme sich seiner armen Seele;
wo will es sonst noch mit ihm hinaus! Wenn nur Lenchen
jetzt zu Hause wäre!" Nachdem die Betrübte noch ihrem Sohn
den Schweiß abgewischt hatte, ließ sie ihn allein.

Als dann der Arzt erschienen war und die Wunden des
kleinen Dulders verbunden, die geeigneten Arzneien und Vor-
schriften gegeben hatte und sich eben wieder entfernen wollte,
da kam Jochem mit seinem Verwundeten auf den Hof geführt.
Kalcher war nun bereits von Blutverlust und Schmerz so
erschöpft, daß er sich nur mit genauer Not noch auf dem Pferde
erhalten konnte. Bei diesem Anblick wäre die Frau fast ohnmächtig niedergesunken. Doch sie nahm ihre Kräfte zusammen,
und mit Hülfe Jochems und des Arztes gelang es ihr, den
Gatten bald ins Haus und ebenfalls ins Bett zu schaffen, wo
sie dann in sprachlosem Schmerze mit gefalteten Händen vor
ihm saß, während der Arzt von neuem seine Arbeit begann.

Zweites Kapitel.

Die Nacht senkte ihre dunklen Flügel schon hernieder, und
der Wippurwill sang im Gehölz bereits sein immer wieder-
holtes kurzes Lied, als Herr Bolzius, der Hauptpastor der
Salzburger zu Ebenezer, von Gosen, einer Tochterniederlassung
von Salzburgern etwa vier Meilen südlich von Ebenezer, ganz
ermüdet heimkehrte, nachdem er daselbst den Wochengottesdienst

gehalten und mehrere Kranke besucht hatte. Er war kaum in
seine Wohnung neben der Kirche eingetreten, als er auch schon
von seiner Tochter Käthe, einem Mädchen von fünfzehn Jahren,
erfuhr, was heute die Kalcherfamilie betroffen hatte. Ohne den
Hut abzusetzen, nahm er den Stab zur Hand, kehrte sogleich
wieder um, so müde er auch war, und begab sich auf den Weg
nach der Wohnung Kalchers.

Er war schon in die Nähe derselben gekommen, als ihm
jemand begegnete, der es sehr eilig zu haben schien, aber bei
seinem Anblick scheu zur Seite wich und sich schnell hinter einem
dicken Baumstumpf niederduckte. Unserm Wanderer kam das
verdächtig vor, er blieb deshalb stehen und frug: „Wer ist
das?" Als keine Antwort erfolgte, ging er auf den Baum=
stumpf zu und wiederholte seine Frage. Da der Flüchtling
sah, daß er nicht ausweichen konnte, stand er auf und sagte:
„Ich bin es." „Du, Anton? Ei, wohin denn? Und warum
denn so scheu, als hältest du ein böses Gewissen?" „Ich will
fort." „Fort? Wohin denn?" „Das weiß ich noch nicht."
„Ich verstehe dich nicht; erkläre dich deutlicher, mein Sohn."
Pastor Bolzius trat näher an ihn heran und legte seine Hand
auf die Schulter des Negers, während dieser langsam immer
ein wenig weiter zurück wich. „Ich will ganz weg von
Kalcher," gab er endlich zögernd zur Antwort. „Ich kann es
nicht mehr bei ihm aushalten. Er ist ein Tyrann gegen mich
und behandelt mich bei dem geringsten Vergehen, ja oft wenn
ich ganz unschuldig bin, ärger als sein Vieh. Er hat mir
schon oft, wenn ich nichts verbrochen hatte, die Daumen zusam=
menschrauben und so die ganze Nacht zu den Kühen in den
Stall sperren lassen und am andern Morgen mußte ich doch der
Erste wieder an der Arbeit sein. Noch letzte Woche, da sein
Grünschnabel von Sohn mich geschimpft und ich ihm geant=

wortet hatte, hat er meine Hände auf den Rücken gebunden, mich auf dem bloßen Leibe blutig gepeitscht und meine Zunge zwischen ein aufgespaltenes Holz geklemmt. So mußte ich dann drei Stunden lang vor dem Hause auf und nieder gehen. Und heute ist das Feuer aus dem Walde daher gelaufen, hat zufällig die Wäsche der Frau Kalcher verzehrt und dem hochmütigen Willie die Finger ein wenig verbrannt, und der hat natürlich mich wieder als den Brandstifter verleumdet. Jetzt ist auch Herr Kalcher, obwohl mit gebrochener Schulter, heimgekehrt, und wenn der wieder gesund ist, bringt er mich um. Denn ich muß wieder der Bösewicht sein, der all das Unheil angerichtet hat, und bin doch so unschuldig wie die Sternlein da oben." „Anton! Anton!" sagte der Pfarrer sehr ernst; „bedenke, was du thust. Du bist Leibeigener und Kalcher ist dein Herr. Wenn er solche Strafe anwendet, wie du sagst, so ist das nicht recht, und als ein Christ muß er dich als seinen Miterlösten in Christo behandeln. Wenn du aber Unrecht gethan hast, so mußt du deine gerechte Strafe ohne Murren und Widerspenstigkeit hinnehmen. Folge darin dem Beispiel des kleinen Willie, den du gottloserweise als einen hochmütigen Grünschnabel verlästerst. Er hatte sich kürzlich ungehorsam und unbescheiden gegen den Herrn Lehrer aufgeführt, und weil er nun besorgte, seine lieben Eltern, insonderheit seine fromme Mutter, würden es erfahren und dadurch tief betrübt werden, so kam er in der Mittagsstunde zu mir und bat, ich möchte ihn nach Verdienst in der Schule abstrafen und seine lieben Eltern nur nichts davon wissen lassen. Er weinte dabei so bitterlich und redete so beweglich, daß ich nicht anders konnte, als die ihm zugedachte Strafe in eine Abbitte vor dem Schulmeister in Gegenwart der Kinder zu verwandeln. Gottes Barmherzigkeit in Christo gegen den Sünder, der seine Sünde bereut und abbittet, weil er seinen himmlischen Vater damit betrübt hat, wurde mir dabei recht lebendig. So kehre nun mit mir um und bitte du auch Kalcher demütig um Vergebung für alles, womit du ihn beleidigt hast, auch für diese Sünde, daß du dich ihm stehlen willst. Und dann will ich hören, ob es wirklich so ist, daß er dich so grausam behandelt hat." „Nein, ich kehre nicht mit zurück!" erwiderte der Neger sich umwendend. „Anton!" drang Pastor Bolzius in ihn, indem er ihn festhielt; „ich fürchte, du hassest die Zucht und willst dich nicht vom Geiste Gottes strafen lassen. So oft habe ich euch Neger schon ermahnt, ihr solltet die deutsche Sprache so schnell als möglich lernen, und dann wollte ich euch in der heilsamen Lehre des Wortes Gottes mit Freuden unterrichten, daß ihr auch mit uns teil haben solltet an der Erbschaft des ewigen Lebens. Du bist nun durch Gottes Gnade so weit gekommen, daß du das Deutsche einigermaßen verstehen und sprechen kannst. Aber du bist trotz meiner freundlichen Einladung noch keine fünfmal bei mir gewesen, um von der lautern Milch des Wortes Gottes zu trinken, und in der Kirche sehe ich dich auch sehr selten. Laß dich warnen und kehre um von dem breiten Wege, der zur Verdammnis führt, so lange es noch Zeit ist. Komm mit mir!" „Nein!" sagte Anton, riß sich mit einem schnellen Ruck los und lief, so geschwind ihn seine Füße tragen wollten, in die Dunkelheit davon. Der Pastor sah ihm, so weit er konnte, mit traurigem Kopfschütteln nach und ging dann seufzend seines Weges weiter.

Kalcher erwachte durch heftigere Schmerzen soeben wieder aus einem kleinen Schlummer. Der Arzt hatte sorgfältig seine Schulter untersucht, Verbände angelegt und erklärt, die Verletzung sei zwar nicht lebensgefährlich, werde aber vielleicht einen steifen Arm hinterlassen. Magdalena, Kalchers älteste

Tochter, eine blühende Jungfrau von siebzehn Jahren, war nun auch bereits vom Felde heimgekehrt, wo sie den ganzen Tag allein Korn gehackt hatte, ohne von Anton, der ihr hatte helfen sollen, etwas zu sehen, und ohne von dem Unglück, das die Ihrigen betroffen, eine Ahnung zu haben. Jetzt saß sie neben dem Lager ihres Vaters, in welchem auch ihr Bruder mit verbundenen Händen lag, und achtete mit ängstlicher Wachsamkeit auf jede Bewegung der Geliebten, jeden Augenblick zu allen Dienstleistungen bereit. Als Pastor Bolzius, den der Hund als einen Bekannten mit nur kurzem Gebell angemeldet hatte, eintrat, ging ihm Frau Kalcher, die noch mit dem Aufräumen des Abendtisches beschäftigt war, mit leuchtenden Augen entgegen und sagte, indem sie ihm ihre noch nasse Hand reichte: "Gott sei Lob und Dank, daß Ihr kommt, Herr Pfarrer! Mich hat sehnlich nach Euch verlangt. Der liebe Gott ist heute mit einer harten Zuchtrute bei uns eingekehrt."

"Dein Wille geschehe, wie im Himmel, also auch auf Erden! so habt Ihr doch heute Morgen gebetet, liebe Frau Kalcher, nicht wahr?"

"Ja," gab sie zur Antwort, "das haben wir."

"Und jetzt seht Ihr," fuhr der Pastor fort, "was mit Euch heute sein Wille gewesen ist. Ihr wollt doch wohl jetzt eure Bitte von heute Morgen nicht wieder umstoßen?"

"Nein, das wollen wir nicht!"

"Ist auch ein Unglück in der Stadt," tröstete der Seelsorger weiter, "das der Herr nicht thue? Und unser Heiland sagt: Es fällt kein Haar von eurem Haupte ohne euren himmlischen Vater."

"Ja," erwiderte sie, indem sie zum Bett ihrer Kranken voranging, "ich weiß, sein Wille ist immer der beste. Wenn wir armen blinden Menschen es nur sehen könnten!"

„Selig sind, die nicht sehen und doch glauben!" wies ihr Seelenhirt sie sanft zurecht.

Kalcher aber schien, als sein Pastor zu ihm trat und ihm mit einem freundlichen Gruß die Hand bot, von keiner so großen Freude über den Besuch desselben erfüllt zu sein. Er legte langsam, ohne ein Wort zu erwidern, seine Hand in die dargebotene seines Besuchers.

„Gott hatt Euch, lieber Kalcher, schwer heimgesucht," sagte der Gekommene, dem Verwundeten sein Beileid auszubrücken.

„Ja, schwer, zu schwer!" war die murrende Antwort.

„Sagt nicht: zu schwer, lieber Kalcher! Er läßt die Versuchung stets so ein Ende gewinnen, daß wir es ertragen können. Und wären die Kreuzeswege, die Gott uns führt, auch noch so beschwerlich, mühselig und schmerzvoll, so sind es doch immer die besten und sichersten Wege, weil sie Christus, unser Herr, selbst gewandelt ist und alle seine Nachfolger darauf gewiesen hat; daher denn auch alle Frommen, die von Anfang in der Welt gelebt haben, durch viel Trübsal in das Reich Gottes eingegangen sind.

> Die Welt wollt' auch gern selig sein,
> Wenn nur nicht wäre Kreuz und Pein
> Mit Jesu-Joch verbunden,

und wie es weiter heißt."

„Das weiß ich alles sehr wohl," gab der Leidende teilnahmlos zur Antwort.

„Aber das Wissen bläset auf, nur die Liebe bessert," erwiderte der Prediger. „Darum nehmt zu Herzen, was der Herr sagt: Mein Kind, verwirf die Zucht des Herrn nicht und sei nicht ungeduldig über seine Strafe. Siehe, selig ist der Mensch, den Gott strafet; darum weigere dich der Züchtigung des Allmächtigen nicht. Denn welche ich lieb habe, die strafe und züchtige ich. So sei nun fleißig und thue Buße. Die Liebe Gottes also ist es, woraus auch diese Züchtigung über Euch herkommt, und Buße ist es, wohin sie Euch führen soll."

„Ei," entgegnete Kalcher hitzig, „habe ich denn nicht schon längst Buße gethan? Ihr redet ja mit mir, als wäre ich noch ein Heide. Ich bin konfirmiert, gehe in die Kirche und zum heiligen Abendmahl und im übrigen immer gerade durch. Ich thue meine Pflicht in allem, so gut ich kann, lüge und betrüge nicht und gehe mit keiner Hinterlist um. Mir kann niemand etwas nachsagen. Und Ihr wollt mich zum Unchristen machen?"

„Mein lieber Herr Kalcher!" sagte Pastor Bolzius traurig, „so steht es noch um Euch? So lange Jahre her ist Euch nun die Ordnung des Heils deutlich, nachdrücklich und fleißig vorgetragen worden, und Ihr redet noch wie ein echter Pharisäer. In unserm Katechismus, den Ihr doch auch bekennt, steht, daß wir unsern alten Adam durch tägliche Reue und Buße ersäufen sollen, und Luther sagt in dem ersten seiner berühmten fünfundneunzig Sätze, wenn unser Herr Christus sage: Thut Buße! so meine er, daß unser ganzes Leben eine beständige Buße sein soll. All unser äußerliches Wesen und Gedächtniswerk hilft uns nichts. Unsere Gerechtigkeit muß besser sein als der Schriftgelehrten und Pharisäer; sonst werden wir nicht ins Himmelreich kommen. Das Herz muß umgeändert und durch den Glauben mit Christo vereinigt sein, das ist der Kern des ganzen Christentums."

„Käthe!" rief der Kranke, dem der Zuspruch seines Seelsorgers unbehaglich zu werden anfing, „bring mir zu trinken!"

„Und die Quelle aller Sünde," fuhr jener fort, ohne sich stören zu lassen, „sowie die schließliche Ursache der ewigen Verdammnis, ist der abscheuliche Hochmut des menschlichen Herzens, das Gott in seinem Gerichte nicht recht geben will. Und so ein grundböses, menschliches Herz tragt auch Ihr, lieber Kalcher, in eurem Busen." Er hielt eine Weile inne, um seine Worte wirken zu lassen.

"Habt Ihr," hob Kalcher dann wieder an, um die Rede auf etwas anderes zu leiten, "schon von dem Wasser unsres neuen Brunnens getrunken? Ich und meine Nachbarn, der Zubli, der Maurer und der Flerl, haben uns bis daher mit dem Flußwasser beholfen, das aber im Sommer immer sehr warm und dazu sehr weit zu tragen ist. Vor drei Wochen nun haben wir uns zusammengethan und einen Brunnen gegraben, der sehr reichliches und frisches Quellwasser giebt. Es war eine große Freude, als das Wasser hervorsprudelte."

"Ja," erwiderte der Pastor, "eine große Wohlthat Gottes ist gutes Wasser für den Leib; aber eine noch größere ist das lebendige Wasser aus dem Heilsbrunnen Israels für die Seele, und Gottes Brünnlein hat Wassers die Fülle. Aber freilich, wenn es genossen sein soll, so muß zuvor Durst da sein. Darum fängt der Heiland seine Predigt an mit dem Worte: Thut Buße! und dann erst läßt er das Evangelium folgen: Das Himmelreich ist nahe herbeigekommen! Wer aber meint, keiner Buße zu bedürfen und ohne den Heiland mit dem lieben Gott fertig werden zu können, der gräbt sich löcherliche Brunnen, die kein Wasser geben. Ihr sagtet vorhin, es könnte euch niemand etwas nachsagen. Wie, wenn Euch nun doch jemand etwas nachsagen könnte?"

"So?" fragte Kalcher gedehnt mit großen Augen, "wer denn?"

"Euer Neger Anton weiß euch viel Böses nachzusagen."

"Der Schwarze?" fragte der Kranke verächtlich.

„Verachtet keinen Menschen um seiner Farbe willen!" sagte der Prediger ernst. „Der Herr Christus hat für ihn eben so wohl sein Blut vergossen wie für Euch. Vor Gott gilt kein Ansehen der Person. In allerlei Volk, wer ihn fürchtet und recht thut, der ist ihm angenehm."

„Nun, was weiß er denn zu sagen?"

„Er flieht von Euch, und zwar darum, wie er sagt, weil Ihr ihn grausam behandeltet. Ihr hättet ihm schon öfter die Daumen zusammenschrauben lassen, ihn die Nacht über in den Kuhstall gesperrt, seine Zunge zwischen aufgespaltenes Holz eingeklemmt, ihn blutig gepeitscht und dergleichen."

„Das habe ich allerdings gethan. Er ist ein durchtriebener Bösewicht, den man mit zehn Ohren und zwanzig Augen nicht genug bewachen könnte, und niemals habe ich ihn so gestraft, wenn er es nicht verdient hatte. Seine Zunge habe ich zum Beispiel eingeklemmt, weil er einen haarsträubenden Fluch über unsern Wilhelm ausgestoßen hatte."

„Solche Strafen sind aber unmenschlich, und Gottes Wort sagt: Der Gerechte erbarmt sich auch seines Viehes, wie viel mehr seiner Menschen und Miterlösten, wenn sie auch seine Leibeigenen sind. Wenn nun auch Euer ganzes Leben engelrein wäre, so würde doch diese eine Sünde, diese Unbarmherzigkeit gegen Euren Nächsten, Euch schon verdammen; denn, so jemand das ganze Gesetz hält und sündigt an einem, der ist es ganz schuldig.

„Ich wollte," meinte Kalcher, „ich hätte niemals diesen Neger gekauft. Was der Bube mir schon für Not gemacht hat, das glaubt Ihr gar nicht. Essen, Trinken, Schlafen, Faulenzen, das ist, was ihm gefällt, und seine Gedanken sind beständig auf gottlose Streiche gerichtet. Ich kann ihm nicht weiter trauen, als ich ihn sehe."

„Mit christlichem Sinne muß man eben," antwortete Pastor Bolzius, „Neger sowohl erwerben als gebrauchen und von vornherein bedenken, daß sie auch, wie alle Menschen, Leib und Seele haben. Für den Leib gehören Nahrung und Kleidung; die Seele aber muß geistliche Speise und Unterricht aus Gottes Wort haben. Und muß es ein christlicher Hausvater bei diesen schwarzen Leuten ebenso wenig als bei seinen eigenen Kindern oder weißen Dienstboten auf ihr Wollen oder Nichtwollen ankommen lassen, sondern mit Unterricht, Gebet und gutem Beispiel, auch mit andern christlichen Hülfs- und Zuchtmitteln, so lange fortfahren, als er den Neger in seiner Gewalt hat. Sonst kann er der zukünftigen schweren Rechenschaft nicht mit Freuden entgegen sehen oder ein unverletzt Gewissen haben. Damit stimmt auch der Herr Hofprediger Urlsperger in Augsburg überein in einem Briefe an mich, worin er also schreibt." Damit zog der Pfarrer ein durch vieles Lesen schon abgegriffenes Schreiben aus seiner Rocktasche hervor und las:

„Zeigt Gott andere Mittel und Wege, daß man ohne Neger zurecht kommen kann, so thue man es viel lieber. Wenn aber solches nicht ohne leiblichen Ruin geschehen kann, so kann man sich hierin beruhigen. Denn es geschieht den Negern, wenn sie auf christliche Art gehalten werden, eine größere Wohlthat, als wenn sie in ihrem Vaterlande geblieben wären. Sie haben im Leiblichen ihren Unterhalt; sie haben Gelegenheit, zur rechten Erkenntnis Gottes und Jesu Christi und also zum ewigen Leben gebracht zu werden. Es werden durch ihre Dienste auch manche bedrängte Glieder Christi im Leben und Wohlsein erhalten, welches nicht nur für Neger, sondern auch für einen ganzen Ort ein Segen sein kann. Sollte es auch sein, daß nur ein Glied Christi dadurch getröstet und erhalten würde, so wäre solches nichts Geringes. Ist also Not da, daß man weiter nicht raten kann, so nehme man Sklaven im Glauben und zu dem Zweck, daß man sie Christo zuführen wolle."

„Mit unsrem Neger aber," meinte Kalcher, während Pastor Bolzius den teuren Brief des verehrten Urlsperger zusammenfaltete und wieder einsteckte, „ist nichts mehr anzufangen. Der ist zu tief gesunken, verdorben und verlottert. An dem ist Hopfen und Malz verloren."

„Seht Ihr," sagte der Pastor, „da geht Euer böses Herz schon wieder mit Euch durch. Als ob es der allmächtigen Liebe des Vaters aller Barmherzigkeit nicht möglich wäre, auch diesen Höllenbrand noch aus dem Feuer zu reißen! Wer zu seinem Bruder sagt: Du Narr, der ist des höllischen Feuers schuldig, sagt der Herr. Ihr erklärt diesen armen, verblendeten Sklaven für hoffnungslos verloren, und Euch selbst haltet Ihr für keiner Buße bedürftig. Euer Gebet lautet also: Ich danke dir, Gott, daß ich nicht bin wie dieser Schwarze! — Doch es ist schon spät; ich will mich für dies Mal empfehlen. Ich wünsche Euch herzlich gute Besserung. Aber du, Wilhelm," sagte er sich zu diesem wendend, der dem ganzen Gespräch aufmerksam zugehört hatte, „meinst du auch wie dein Vater, daß du keine Buße nötig hast?"

„Ach, nein," erwiderte dieser, „ich bin ein böser, böser Junge und habe Gottes Strafe tausendmal verdient. Aber

> Christi Blut und Gerechtigkeit,
> Das ist mein Schmuck und Ehrenkleid;
> Damit will ich vor Gott bestehn,
> Wenn ich zum Himmel werd' eingehn."

„So ihr," sagte der Pastor, sich wieder zu Wilhelms Vater wendend, „nicht werdet wie die Kinder, so werdet ihr nicht in das Reich Gottes kommen. Ihr wißt, wer das sagt. Ich bitte Euch noch, bedenkt das Wort: Verflucht sei jedermann, der nicht bleibt in allem, das geschrieben steht im Buch des Gesetzes, daß er darnach thue. Erwägt im Grund des Herzens das schreckliche Wort: in allem! Und nun Gott befohlen und gute Nacht!"

Frau Kalcher leuchtete ihm voraus aus der Kammer. Als sie heraustraten und der Lichtschein durch die halb geöffnete Thür des Nebenzimmers fiel, erblickte er Lenchen, wie sie eben hastig und verlegen sich von den Knieen erhob. Ein Strahl der Freude glänzte über sein Angesicht. Ohne weiter ein Wort zu sagen, verabschiedete er sich von der Mutter, die ihm mit einem warmen Händedruck für seinen Besuch dankte, und von Lenchen eine kleine Strecke schweigend begleitet, machte er sich auf den Heimweg. Während er durch die dunklen Straßen einsam dahin ging, tönte ihm aus allen Häusern, an welchem er vorbei kam, der Gesang der Abendandacht oder das Gebet der knieenden Familie entgegen.

Drittes Kapitel.

Einige Wochen nach den bis jetzt erzählten Begebenheiten wurde die neue Sägemühle am Mühlflusse unterhalb Ebenezer eingeweiht. Der Bau war am Tage vorher vollendet worden. Er stand am Ufer des Flusses, wo sich dasselbe von einer ziemlichen Anhöhe sanft nach dem Wasser absenkte. Hier sollten die Blöcke nach der Mühle zu hintergerollt werden. Ringsum war alles weit und breit mit dichtem Gehölz bedeckt. Gegen neun Uhr des Morgens schon fing es an, bei der Mühle sich von Einwohnern Ebenezers, großen und kleinen, zu sammeln. In kleinen Haufen wallten sie, das Gesangbuch unterm Arm, durch die Schatten des Waldes die lange Anhöhe herab, alle im Sonntagsstaat, die Alten unter ernsten Gesprächen über das Wohl und Weh der Ansiedlung, die Jungen mit fröhlichem Scherzen und Necken. Sobald man angekommen war, nahm man alles in Augenschein, die ganze Lage der neuen Mühle, den Fluß, den Damm, das ganze Gebäude, das gewaltige Wasserrad, die zwei mächtigen Sägen mit ihren scharfen Zähnen, und den langen Graben hinter der Mühle, worin das Wasser vom Wasserrade ablief und die Bretter nach dem Mühlfluß geflößt werden mußten, um auf dem Savannah zum Verkauf hinabgeführt zu werden.

Unter dem Haufen der Feiernden, der soeben in die Mühle eintrat, um sie zu durchwandern und zu besichtigen, befand sich auch das anmutige Lenchen Kalcher, die nebst ihrem Bruder Wilhelm mit seinen noch verbundenen Händen allein von ihrer Familie erschienen war, weil der Vater, obwohl auf der Besserung, doch noch nicht ausgehen konnte, und die Mutter heute lieber bei ihm bleiben wollte. Sie hatte mit Verwunderung die großen Sägen angestaunt und war eben, von den Nachkommenden gedrängt, im Begriff, weiter zu gehen, als ihr Blick in einiger Entfernung vor ihr den Augen des Wilden Jochem begegnete. Sie hatte bis dahin mit ihrer Freundin, der brallen Pauline Steiner, die neben ihr ging, vergnügt geplaudert und gekichert; jetzt aber war sie plötzlich ernst und still und senkte die Augen zu Boden. „Da ist er auch wieder!" flüsterte sie mit leisem Zittern in der Stimme ihrer Freundin zu.

„Fritz," sagte Jochem zu dem Bruder Paulinens, der mit ihm daherkam, „sie wird verlegen!"

„Freue dich nicht zu früh!" erwiederte jener. „Wenn du wüßtest, was ich weiß! Sieh, meine Schwester ist wieder bei ihr; die beiden sind sehr genaue Freundinnen."

Lenchen suchte während dessen mehrmals unruhig mit ihrer Begleiterin umzukehren; allein der Haufe hinter ihr war so dicht geworden, daß sie unaufhaltsam vorwärts gedrängt wurde, und so mußte sie wohl oder übel den Gang entlang vor Jochem vorüber. Dieser bot ihr freundlich guten Morgen und reichte ihr, als sie nahe genug war, seine breite Hand zum Gruß. Sie aber schwieg und hob die Augen nicht vom Boden auf, sondern eilte, so schnell sie konnte, vorüber und ging dann mit ihrer Freundin zum Gebäude hinaus.

„Was soll das heißen!" sagte Jochem zu seinem vierschrötigen Freunde, mit erstaunten Augen ihr nachsehend. „Die muß heute Morgen verkehrt aus dem Bett gekommen sein. Sie guckt ja drein wie drei Tage Regenwetter!"

„Hab' ich's dir nicht gesagt," meinte sein Begleiter, „du solltest dich nicht zu früh freuen? Sie hat kürzlich zu meiner Schwester gesagt, du lägest wie eine eklige Kröte überall ihrem Vater im Wege; er möge gehen, wohin er wolle, ewig müsse er auf dich stoßen, gerade als würdest du auf ihn gehetzt."

„Ja," erwiderte Jochem gedankenvoll, „etwas Wahres ist daran. Was mich aber so geheimnisvoll immer wieder zu diesem Manne hintreibt, daß ich mir bei jeder Gelegenheit mit ihm zu schaffen machen muß, kann ich selbst nicht sagen. Sonderbar ist es. Wäre es nicht schon früher so gewesen, so wollte ich sagen, seine Tochter sei der Magnet."

„Neulich hättest du," fuhr Fritz in seinem Bericht fort, indem er seine Stimme wegen der vielen Ohren rings um ihn zum

Flüstern senkte, "ihren Vater schier ums Leben gebracht; nun könne sie dich erst recht nicht leiden."

"So?" erwiderte Jochem eintönig: "spröde ist sie immer gewesen, daß ich es bis jetzt nicht gewagt habe, um ihre Hand anzufragen. Aber nun, scheint's, hab' ich's mit dem Backfisch ganz verdorben. Aber was konnte ich denn in aller Welt dafür, daß der Hirsch quer vor Kalcher über den Weg lief! Oder hätt' ich es riechen sollen, daß Lenchens Vater in dem Augenblick, als ich abdrückte, daher geritten kam? Doch laß gut sein; wenn sie mich nicht will, so läßt sie es! Ich komme auch ohne sie durch die Welt, was meinst du, Fritz?"

"O freilich kommst du durch die Welt — wenn's auch auf dem Kopfe wäre!" meinte Steiner lachend. "Sonderbar ist mir nur," setzte er dann zu dem sinnenden Jochem hinzu, indes sie an den Damm herantraten, wo das Rauschen des Wassers sie zwang, wieder etwas lauter zu reden, "daß du lustiger Vogel schon ans Freien denkst; bist doch kaum zwei und zwanzig Jahre alt."

"Mir," antwortete Jochem, halb lachend, halb ernst, "mir wär's noch lange nicht in den Sinn gekommen, wenn mich mein Onkel nicht schon öfter dazu ermahnt hätte. Er ist nun schon sehr alt, halb verkrüppelt und bedarf wirklich der Pflege und Aufwartung. Wir beiden haben bis jetzt eine Junggesellenwirtschaft geführt, wobei ich immer, so gut es ging, die Hausfrau spielen mußte. Wenn er auch ein wenig ausfegt, die Betten macht, Feuer anzündet und dergleichen, so bleibt mir neben meinem Schmiedehandwerk immer noch die Hauptarbeit in der Wirtschaft übrig. Ich würde es schon aushalten; aber er scheint ein solches Leben doch nun bald herzlich satt zu haben."

Der Onkel Jochems, von dem soeben die Rede war, saß unterdessen vor der Mühle auf einem großen Eichenblock, der schon in die richtige Lage gewälzt war, um die erste Speise der neuen Mühle zu werden. Herr Diesburg war mit den ersten Salzburgern nach Amerika ausgewandert. Er hatte alle Leiden und Freuden dieser gehetzten Christen von Anfang an mit durchgemacht und wußte deshalb zu erzählen. Hier in Ebenezer hatte er öfter versucht, die Kinder in der Schule zu unterrichten, aber hauptsächlich seiner Augen wegen hatte er es immer wieder aufgeben müssen; denn auf dem rechten Auge war er seit jener Verfolgungszeit völlig blind, und sein linkes triefte beständig und verursachte ihm oft, besonders in grellem Lichte, peinliche Schmerzen. Jetzt war er schon sehr gebrechlich geworden und seit langen Jahren gänzlich auf die Pflege seines Neffen, des Wilden Jochem, angewiesen. Sein silbernes Haar floß ihm nur noch spärlich um die Schläfe; sein weißer Bart aber wallte noch desto voller auf seine Brust herab.

Er lehnte sich, in Gedanken versunken und von seinem Gang ausruhend, mit dem Kinn auf den knotigen Stab, als Konrad Kirschner, ein Arbeiter der neuen Mühle, der eben mit seiner Frau ankam, vor ihn hintrat und ihn aus seinen Träumen aufweckte mit dem herzlichen Gruß: „Guten Morgen, Vater Diesburg; auch schon hier?"

„Ich danke Euch, Herr Kirschner!" war seine Antwort. „Wo man Gott dankt, da bin ich auch gern. Setzt Euch ein wenig zu mir auf diesen Block, der die erste Beute der neuen Säge werden soll, und verschnauft Euch erst etwas."

„Nun, wir sind gerade so müde noch nicht," sagte jener, indem er mit seinem Weibe neben dem Alten auf der rauhen Borke Platz nahm. „Aber wir müssen doch nun auch bald einen bessern Weg von Ebenezer herunter durch dies wilde Gehölz und Gestrüpp haben; sonst kann man sich ja, bis man hierher kommt, alle Kleider vom Leibe reißen."

„Seht," warf seine Frau dazwischen, „da kommen unser Herr Pfarrer und Pastor Lembke auch schon. Nun wird der Gottesdienst wohl bald angehen."

„O," meinte der alte Schulmeister, „sie werden sich auch wohl das neue Werk erst ein wenig ansehen, das Gott unserm lieben Ebenezer wieder geschenkt hat. Wir wollten ja," fuhr er nach einer kleinen Pause fort, „schon vor vier Wochen an unserm jährlichen Danktag beim lieben Gott unser Dankopfer für die neue Sägemühle darbringen."

„Ja, warum ist das eigentlich nicht geschehen?" fragte Adam Waldbauer, der sich hier zu unsren Freunden gesellte.

„Wir hofften," gab der Greis zur Antwort, „das Gebäu sollte bis dahin ausgebaut sein. Allein das kleine Wasserrad, welches man zuerst für stark genug hielt, ging viel zu langsam, und darum mußte erst ein größeres Wasser geschafft und ein Kammrad verfertigt werden, um den beiden Sägen einen geschwinden Zug zu geben."

„Die schwerste und gefährlichste Arbeit dabei war aber," unterbrach Kirschner, „die Weiterrückung des ganzen Gebäudes. Es besteht, wie jeder ja beutlich genug sehen kann, aus sehr dicken Schwellen, Säulen, Balken und vielem andern gewichtigen Holzwerk, ist fünf und fünfzig Schuh lang und vier und zwanzig breit, und mußte nun fünf Schuh und sechs Zoll nach der Quere weiter gerückt werden. Das machte uns die meiste Bedenklichkeit; mir war wirklich angst und bange dabei, als ich meine Schulter mit ansetzte. Aber mit unsern zusammengesetzten Kräften und angewandter Vorsicht ging es glücklich von statten."

„Dabei müssen wir es aber," setzte der Greis wieder ein, „als eine gütige Vorsorge Gottes erkennen, daß bei der Errichtung des Gebäudes das damals sehr hohe Flußwasser den Baumeister hinderte, die Pfosten des Hauses in die Erde einzugraben, und das ganze Gebäu auf Schwellen gesetzt werden mußte, wodurch hernach die Fortschiebung desto leichter ermöglicht wurde. Gott macht eben alles wohl, er mag thun, was er will."

In diesem Augenblick erscholl die Stimme des Sägemüllers, der ankündigte, daß jetzt eine Probe der neuen Mühle gehalten werden solle und jedermann sich in acht nehmen möge. Nachdem dann alle von den Rädern, Sägen und Walzen zurückgewichen, auch der greise Diesburg und seine Gesellschaft von ihrem Block aufgestanden und beiseit getreten waren, wurde die Schleuse von Kirschner aufgezogen, das große Triebrad setzte sich knarrend in Bewegung, die Sägen flogen rascher und immer rascher auf und nieder, und die Blöcke kamen näher und immer näher an die Sägen heran, bis diese ihre scharfen Zähne mit großem Geräusch einhieben und die Späne auf und nieder stäubten. Nach wenigen Minuten fielen die ersten Bretter ab. Mit großem Vergnügen schauten die Versammelten zu, die Kleinen jauchzten und klappten in die Hände, auch die Pastoren sahen mit herzlichem Wohlgefallen drein. Nachdem die ersten Blöcke ganz in Bretter zerfallen waren, wurde die Mühle wieder zum Halten gebracht. Dann trat Pastor Bolzius vor, nahm seinen Hut ab und sagte langsam: „Unser Eingang und Ausgang geschehe im Namen Gottes, der Himmel und Erde gemacht hat! Laßt uns nun vor dem Herrn unserm Gott in der Mühle uns versammeln und ihm für seine Wohlthaten danken!"

Nachdem alle, Große und Kleine, sich in der Mühle versammelt, auf Tischen und Bänken, Blöcken und Brettern und mitgebrachten Stühlen Platz genommen hatten und zu andächtiger Ruhe gekommen waren, wurde zu Anfang das Lied gesungen: „Meine Hoffnung stehet fest auf den lebendigen Gott." Frisch und fröhlich tönte der Gesang aus dem offenen Gebäude hinaus und hallte aus dem nahen Dickicht ringsum wieder. Nach einem kurzen Gebet von Pastor Lembke hielt dann der Pfarrer die Weihpredigt über 1. Tim. 4, Vers 4 und 5: „Alle Kreatur Gottes ist gut und nichts verwerflich, das mit Danksagung empfangen wird; denn es wird geheiligt durch das Wort Gottes und Gebet." Im Anschluß an diese Worte gab er seinen Zuhörern Gelegenheit zu „christlichen Gedanken bei der Einweihung der neuen Sägemühle zu Ebenezer" und zeigte erstlich: „wofür wir sie erkennen und achten," und zum andern: „wie wir sie recht gebrauchen sollen." „Wir haben sie zu erkennen als eine Kreatur Gottes und zwar als eine gute, die uns von dem guten Gott geschenkt worden ist und, wie bereits durch den Bau geschehen ist, der ganzen Gemeine zu gute kommen soll. Der rechte Gebrauch derselben besteht darin, daß wir mit Danksagung sie als eine gute Kreatur Gottes empfangen und sie jetzt und künftig heiligen durch das Wort Gottes und Gebet." Nachdem er seine herzliche Rede, bei welcher sich seine Augen in tiefem Dankgefühl öfter feuchteten, geendet hatte, fiel die ganze Versammlung mit ihm auf die Knie, lobten Gott mit einem Herzen voll Freude, einem Munde voll Lachens und einer Zunge voll Rühmens für diese und alle seine guten Kreaturen, die er ihnen bisher zum Gebrauch und Genuß beschert hatte, baten um Vergebung ihrer Sünde und um seine fernere Hülfe und beteten für ihren König, nämlich des Mutterlandes England, für die „Britische

Gesellschaft zur Ausbreitung christlicher Erkenntnis," welche den flüchtigen Salzburgern vor zwanzig Jahren eine freie Überfahrt nach dieser ihrer neuen Heimstätte verschafft und sie mit ihren Wohlthaten bis diesen Tag begleitet hatte, sowie für die Herren „Trustees," welche ihnen das Land in und um Ebenezer zum Geschenk gemacht hatten, und schlossen endlich mit den Worten: „Ja, Herr, vergilt um Christi willen all unsern teuren alten und neuen Wohlthätern an allen Orten und in allen Ständen, von gekrönten Häuptern bis zum geringsten Unterthan, alle an uns in vorigen und gegenwärtigen Zeiten bewiesene Liebe und Wohlthat im Leiblichen und Geistlichen vergilt ihnen in diesem und in jenem Leben, ihnen selbst und ihren Nachkommen bis ins tausendste Glied. Amen."

Hierauf wurden noch einige Verse des Liedes gesungen:

„Der Herr ist noch und nimmer nicht
Von seinem Volk geschieden."

Dann brach die Versammlung nach einem stillen Schlußgebet auf und verlor sich allmählich, wie sie gekommen war, fröhlichen Angesichts wieder nach Ebenezer.

Viertes Kapitel.

Es war einige Tage nachher, als der alte Diesburg, an seinem Knotenstabe langsam und gebeugt daherwandernd, von seinem kurzen Spaziergang, den er gegen Abend zu machen gewohnt war, zurückkehrte. Wie er auf diesen Gängen öfter bei Freunden und Bekannten ein Viertelstündchen vorzusprechen pflegte, so trat er heute Abend bei einer alten Witwe durch das kleine Pförtchen ein und setzte sich mit einem freundlichen Gruß vor dem Hause, wo sie unter Maulbeerbäumen noch emsig mit dem Ablösen von Seidenkugeln beschäftigt war, auf einer hölzernen Bank nieder. Ihr Name war Rahn. Sie hieß ihn ebenfalls freundlich willkommen und fing an mit ihrer Tagesarbeit aufzuräumen, indem sie sagte: „Ach, wie schwindet doch mit den Jahren auch die Kraft dahin! Was wird mir jetzt die Haushaltung und überhaupt alle Arbeit so sauer gegen früher! Vor zehn Jahren, als auch mein seliger Mann noch lebte, wie frisch, wie kräftig war man damals noch! Aber wir sind nun wohl schon die längste Zeit getrennt gewesen; bald werden wir unser Wort einlösen können."

„Und was ist das?" fragte der alte Mann.

„Wir haben uns, da er auf dem Sterbebette lag, verbunden, wir wollten, wenn der barmherzige Gott uns in den Himmel zusammen bringen würde, beide es das erste sein lassen, vor dem Throne Christi zusammen niederzufallen und ihm zu danken, daß er durch seine wunderbare und weise Leitung uns zusammengebracht und hierher nach Ebenezer geführt hat, wo unsern Seelen Barmherzigkeit widerfahren ist."

„Laßt mich auch dabei sein!" bat der Greis mit Zähren in den Augen.

Die Wittwe schwieg einen Augenblick, um ihrer tiefen Bewegung Herr zu werden, und sagte dann, indem sie die fertigen Seidenkugeln ins Haus trug: „Der Abend fängt wieder an kühl zu werden; kommt noch ein wenig herein!"

„Ja, das will ich," sagte er; „die Zeit wird mir noch lang genug. Jochem ist nach Savannah, um neues Eisen zu holen, und ich bin daher ganz allein zu Hause."

„So?" erwiderte sie, „dann bleibt Ihr heute Abend bei uns zum Nachtessen."

„Louise!" rief sie nach der Küche, „kochen die Kartoffeln schon?"

„Ja!" entgegnete diese und schürte das Feuer.

„Ach!" fuhr Witwe Rahn dann fort, nachdem ihr Besuch sich im Sorgenstuhl, der aus lauter Weidenruten geflochten war, niedergelassen hatte, „es wird mit meiner Seide auch heuer nicht viel. Es ist mir ordentlich eine Lust, die Raupen so recht heißhungrig in den zarten Blättern fressen und knistern zu hören. Aber dies wäre nun schon das dritte Jahr, daß mir die Ernte mißrät. Diese schnelle Abwechslung nämlich von Wärme und Kälte scheinen die Würmer gar nicht vertragen zu können. Bisher ist nun dies Frühjahr die Witterung sehr trocken und die Nächte gar kühl gewesen, ja es giebt nachts sogar noch manchmal Reif."

„Dadurch," meinte der Schulmeister, „kann noch großer Schaden entstehen; „denn auch die Feldfrüchte werden sehr im Wachsen gehindert, der Erdboden ist eben zu kalt. Gestern und heute haben wir nun zwar sehr anhaltende Regenschauer gehabt; darum wird sich der Roggen wohl noch erholen. Aber was den Weizen betrifft, so sagen unsre Leute, daß sich der Rost sogar schon ansetze. Und so lange der Kornvogel sich abends noch nicht hören läßt, ist die kalte Witterung noch nicht ganz vorüber."

„Diese kalten Nächte," hob die Witfrau wieder an, „sind auch die Ursache, daß es in diesem Frühlinge so wenige und kleine Maulbeerblätter giebt, daher in diesem Jahre überhaupt nicht viel mehr Seide wird gemacht werden als letztes Jahr. Bei einigen geht das Seidenmachen schon in dieser Woche zu Ende. Wer die Brutzimmer heizen kann, wird bald fertig; er hat die meiste Mühe mit den Würmern nur etwas über acht Tage lang, während welcher sie an einem Tage mehr Futter brauchen als vorher in drei Wochen, um sich dann einzuspinnen. Meine Würmer hingegen, welche nur die Wärme der Sonne genießen können, werden durch die Kälte bei Nacht sehr vom Einspinnen zurückgehalten, ja manche werden krank und sterben ab. Aber auch dies kommt aus der Hand des Herrn, und mit seiner Fügung bin ich zufrieden."

Der Greis tröstete sie mit dem Verse:

> „Du leitest mich nach deinem Rat,
> Der anders nichts beschlossen hat,
> Als was mir Segen bringet.
> Geht's gleich zu Zeiten wunderlich,
> So weiß ich dennoch, daß durch dich
> Der Ausgang wohl gelinget.
> Nach harter Zeit auf rauher Bahn
> Nimmst du mich dort mit Ehren an."

„Ich danke Euch, Vater Diesburg," sagte sie, „daß Ihr mich an dies herrliche Verslein erinnert; ich kann es noch von meiner Jugend her auswendig, und es hat mich oft, oft aufgerichtet, wenn ich ganz zu Boden geschlagen war."

Hier trat Marie, die älteste Tochter der Witwe Rahn, herein. Ihre jugendlichen Wangen glühten frisch von der scharfen Abendluft. Sie kam eben von ihrer Arbeit aus der Seidenspinnerei. Es war dies das große Gebäude, welches der Kirche und dem Pfarrhaus gegenüber stand und das wir schon etwas angesehen haben, als wir vom Blauen Berge aus mit Kalcher unsern Blick über Ebenezer und seine Umgebung wandern ließen. Es wurde fast ringsumher von Maulbeerbäumen umrauscht, die Pastor Bolzius schon vor Jahren hatte anpflanzen lassen, noch ehe die „Trustees", welche von der englischen Regierung mit der Ansiedelung von Georgia betraut bieses Fabrikwaren,tgebäude auf ihre Kosten errichtet und den

Salburgern zum Geschenk gemacht hatten. Es war aus dauerhaftem Förlholz erbaut und zwei Stockwerke hoch. Die Wände des unteren wurden durch zwei hohe, breite, einander gegenüber stehende Thüren und zwölf Fenster durchbrochen, so daß die Spinnerinnen Licht und Luft genug hatten. Für jedes Fenster stand ein mit Leinwand überzogener Rahmen bereit, um dadurch, wenn nötig, die zu starke Luft und die Sonnenstrahlen auszuschließen. Beide Seitenwände entlang brobelten vier eingemauerte Kessel, durch zwei Kamine geheizt, die mit ihren acht Maschinen einer großen Anzahl von ebenezerischen Witwen und Jungfrauen Arbeit gaben. Das obere Stockwerk wurde durch vier große Dach- und zwei Giebelfenster erhellt und dazu benutzt, in Fächern und Behältnissen an den Wänden die Seidenkugeln mancherlei Art aufzuheben und kühl zu halten, zu welchem Zwecke auch in die Wände eine Reihe von Luftlöchern so angebracht war, daß keine Feuchtigkeit, sondern nur die Luft eindringen konnte. Vor dem Gebäude, der Thür gegenüber, war der Brunnen, mit dickem, gesägtem und wie ein großes Faß gefügtem Cypressenholz ausgesetzt und wohl verwahrt. Ein zierliches Häuschen stand darüber mit Wänden bis an die Brust eines erwachsenen Mannes und oben darauf zeigte eine Blechfahne die Richtung des Windes. An dem einen Ende des Wellbaums war ein kleines Bretterrad angebracht, welches, wenn der Eimer mit Wasser oben anlangte, mit einem hölzernen Pflock leicht gesperrt werden konnte. Dieser Brunnen lieferte hinlänglich das Wasser, das zum Abspinnen der Seide unentbehrlich war. Hinter der Fabrik war ein großer Backofen unter einem besondern Dache hergerichtet, in welchem die Puppen, wenn die Kugeln nicht zeitig genug abgesponnen werden konnten, durch heiße Wasserdämpfe getötet werden mußten, wozu auch kleine Kästlein von dünnen, durchlöcherten Brettern bereit standen.

Hier suchte auch Marie Rahn mit saurem Schweiße, aber fröhlichem Mute ihrer alt und schwach werdenden Mutter in der Erwerbung des täglichen Brotes redlich beizustehen. Sie grüßte, als sie eingetreten war, den Besuch ihrer Mutter vergnügt, nahm Tuch und Hut ab und geriet sogleich in einen nicht allzu ernsten Zank mit ihrer jüngeren Schwester, daß diese nicht besser ausgekehrt habe und sich nicht vor Vater Diesburg schäme, worauf sie selbst den Besen ergriff und ohne weiteres zu fegen anfing.

„Es ist wunderbar," fuhr dann ihre Mutter gegen den Alten fort, „daß jetzt schon wieder aus den kaum gelegten Eierchen häufig junge Würmlein herauskommen. Ich beeile mich, wenn es warm ist, die Eierchen so geschwind als möglich in kühle Gefäße und an kühle Orte zu legen. Denn das Maulbeerlaub wird nun doch bald zu hart und die Hitze zu groß werden und die Fliegen und anderes Ungeziefer zu sehr überhand nehmen; daher würde der Gewinn nur ein geringer sein, wenn man zum andernmal Seide machen, also zweimal ernten wollte."

„Immer," sagte der Greis mit Wärme, indem er dem Besen Mariens aus dem Wege rückte, „wenn ich unsere Seidenspinnerei ansehe, muß ich mir sagen, ganz Ebenezer ist dem Herrn Pastor Bolzius schon allein dafür zu innigem Danke verpflichtet, daß er mit seiner nun vor einigen Jahren selig verstorbenen Gemahlin das Seidemachen eingeführt und gelehrt hat; denn dieser Erwerbszweig ist doch nun schon für die ganze Ansiedelung zu einer wahren Wohlthat geworden."

„Da habt ihr recht," meinte die Witwe. „Schon seine

Sorge um die leibliche Wohlfahrt der ihm anvertrauten Herde können wir ihm niemals genug danken, noch viel weniger aber seine treue, väterliche, unermüdliche Seelsorge."

„Ich," versetzte der Alte lebhaft, während Marie unter Tellern und Schüsseln zu klappern anfing, um den Abendtisch zu decken, „ich kann mich über diesen Mann nicht genug verwundern. Diese Rührigkeit, diese Sorgfalt und Vorsicht, diese Liebe und Geduld, dieser beständige Gebetsumgang mit seinem Gott! Wie der Hirsch schreit nach frischem Wasser, so schreit seine Seele beständig nach Gott, und doch ist sie zu gleicher Zeit beständig satt und froh in ihrem Heilande. Er schöpft im Stillen unaufhörlich aus dem Heilsbrunnen; und darum fließen von seinem Leibe Ströme des lebendigen Wassers, wo er geht und steht. Nichts will er für sich allein behalten; hat er eine neue Perle der Belehrung, der Warnung oder des Trostes im Schachte des Wortes gefunden, so kann er es nicht lassen, er muß ausgehen und dem ersten besten Kinde, das ihm begegnet, davon mitteilen. Und keiner ist ihm zu gering, keiner zu verachtet, keiner zu schwach, keiner zu einfältig, ja auch keiner zu tief gesunken; er sieht eben in jedem Menschen ein Geschöpf Gottes, das der Sohn Gottes selbst mit seinem eigenen Blute zum ewigen Eigentum erkauft hat. Darum habe ich ihn noch nie zornig, oder ungeduldig, oder mürrisch gesehen, wenn auch die Not seiner Herde die schwersten Anstrengungen des Leibes und Geistes bei Tag und bei Nacht von ihm forderte; höchstens habe ich ihn weinen sehen darüber, daß das Wort Gottes bei vielen so wenig Eingang findet. Wo niemand etwas mehr hofft, da hofft doch er noch. Und obwohl der treue Gott ihm mit der langjährigen Gicht seiner entschlafenen Frau und dem Tode fast all seiner Kinder ein sehr schweres Kreuz aufgelegt hatte, so habe ich ihn doch mit keinem Worte klagen, sondern immer nur loben und danken hören. Ja, wenn er seine kranke Frau und Kinder verpflegt, oft selbst seine Wäsche gewaschen und sein Brot gebacken hatte, so fand er immer noch Zeit, neben seinem Seelsorgeramte den neu angekommenen Salzburgern Rat und Anweisung in Ackerbau und Viehzucht zu geben. Nicht nur das ewige, sondern auch das zeitliche Wohl unsrer ganzen Ansiedlung trägt er auf betendem Herzen, und wer zu ihm kommt und Rat, Trost oder Hülfe sucht, findet stets ein offenes Ohr und ein freundliches Wort. Wunderbar hat Gott ihn immer gestärkt, sonst hätte er sich schon längst aufgerieben."

„Wahrlich," fiel die Witwe ein, „es giebt keine größere Wohlthat auf Erden als einen treuen Seelsorger! Das habe ich erfahren. Doch das Abendessen steht auf dem Tisch; setzt Euch heran, Vater Diesburg!"

Nachdem Marie und Louise gebetet, nahmen alle um den Tisch Platz und langten zu. Neben einer Schale dicker Milch dampfte eine Schüssel mit Peltkartoffeln, deren Zukost Brot, Butter, Käse und Eier waren.

„Ihr müßt nun vorlieb nehmen," sagte die Hausmutter zu ihrem Gast, „mit dem, was eine Witwe Euch bieten kann. Ich habe zwar noch eine gute Mettwurst oben hängen, die letzte; aber ich habe mir vorgenommen, sie nicht eher anzuschneiden, als bis unser Herr Pfarrer kommt und mitißt."

„Recht so, Mütterchen!" gab der Schulmeister mit fröhlichem Gesicht zur Antwort. „Ehre, dem die Ehre gebührt! Und der unterrichtet wird mit dem Wort, der teile mit allerlei Gutes dem, der ihn unterrichtet. Irret euch nicht, Gott läßt sich nicht spotten. Das ist mir immer ein sehr ernstes Wort gewesen und ich bin überzeugt, daß manche Christen, die es nicht meinen, sich die Hölle an ihren treuen Seelsorgern verdienen. Nicht minder aber ist unser lieber Herr Pastor Lembke, der Abjunkt des Herrn Pfarrers, der nun schon im sechsten Jahre unter uns arbeitet, unserer Liebe und Achtung wert. Er sieht wohl ernst drein und ist oft ein wenig wortkarg; allein er ist doch, wie wir nun genugsam erfahren konnten, ein herzensguter Mann. Mit großer Selbstverleugnung ist er unermüdlich thätig für das Wohl aller, und es ist ihm ein Vergnügen, wo er dem ehrwürdigen, treuverdienten Pfarrer eine Last abnehmen kann. Eine wahre Freude aber muß es für uns alle sein zu sehen, wie diese beiden Männer nicht nur durch die Bande des Bluts mit einander verbunden sind, da eine Base des Pfarrers, die Witwe des frühverstorbenen Pastors Gronau, die Gattin Lembkes geworden ist, sondern auch im Glauben und in der Liebe wie ein Herz und eine Seele für den Herrn und seine Kirche zusammenstehen."

„Wenn mich," hob die Witwe nach kurzer Pause wieder an, „unser Herr Pfarrer nicht so treulich mit dem Trost des Wortes Gottes aufgerichtet hätte, ich wäre längst mit Herzeleid in die Grube gefahren. Denn die Hand des Herrn hat schwer auf mir gelegen, und ihre Schläge folgten rasch aufeinander. Es sind in diesem Aprilmonat gerade sieben Jahre, als ich eines Abends unter der Kuh saß und melkte, während ein Gewitter schnell heraufstieg. Mein kleines fünfjähriges Klärchen kam mit einem Napf vom Hause her zu mir und holte etwas Milch. Als sie wieder auf dem Rückwege war, etliche zehn Schritte von mir, rief ich ihr nach, sie solle ihr Oberkleid zum Schutz gegen den beginnenden Regen über den Kopf ziehen. Sie setzte den Napf auf die Erde, um zu thun, was ich gesagt. In diesem Augenblick leuchtete ein schrecklicher Blitz, gefolgt von einem heftigen Donnerschlage. Als ich wieder sehen konnte, lag mein Kind platt auf der Erde, vom Blitz erschlagen, und rührte kein Glied mehr. Denkt Euch meinen Schrecken! Das alles mit eigenen Augen mit ansehen zu müssen! Die Milch im Napf war zu lauter Schwefelwasser geworden. Kaum ein halbes Jahr nachher traf mich der zweite schwere Schlag. Unser David, damals fünfzehn Jahre alt, ging eines Abends in den Wald, die Kühe zu suchen, und kam nicht wieder. Ihr wißt Euch noch wohl zu erinnern, wie mein seliger Mann und ich mit dem halben Ebenezer schier eine Woche lang weit und breit in allen Büschen, Sümpfen, Flüssen und Löchern suchten, wobei auch ich einmal nahe daran war, mich zu verirren. Ich war von den andern abgekommen und eilte bei einbrechender Nacht nach Hause. Nach bekannten Hügeln, Bäumen und dergleichen, so viel ich noch sehen konnte, urteilend, glaubte ich nahe bei Ebenezer zu sein und aus dem Walde hervorzutreten, als ich auf einmal wieder vor einem undurchbringlichen Dickicht zu stehen meinte. Laut schreiend kehrte ich wieder um und lief zurück. Da hörte ich Kalchers Horn blasen. Nun mußte ich, wo ich war. Das Dickicht war der Nebel auf dem Sumpfe vor Ebenezer gewesen. Kalchers hatten schreien hören und sofort richtig ahnend, daß sich jemand verirrt habe, einige Mal in ihr Blechhorn gestoßen. So kam zwar ich wieder heim, aber nicht unser Sohn David. All unser Suchen war und blieb vergeblich; er war verschwunden, und wir mußten uns endlich drein ergeben. Ob er nun in der Wildnis sich verirrt hat und verschmachtet, oder von wilden Tieren zerrissen, oder von Indianern geraubt und entführt worden ist, wir haben niemals etwas erfahren können. Ach, wenn mein Sohn noch lebte! Aber diese alten Augen werden ihn wohl erst in jener Welt wiedersehen."

„Alles kann man nicht wissen," meinte der Schulmeister; „der liebe Gott erhält die Seinen oft wunderbar, und ein

Dummkopf und Feigling war Euer David nicht. Ich erinnere mich noch einer Geschichte, da er, damals kaum elf Jahre alt, einen wahren Heldenmut bewies. Er war eines Nachmittags mit seinen kleinen Schwestern allein zu Hause, während Ihr Alten im Felde Korn pflanztet, und ich kam hierher, um Eure Axt ein wenig zu borgen, da in meiner der Stiel abgebrochen war. Da war er soeben mit seinem Abenteuer fertig und erzählte es mir sogleich mit noch glühendem Angesicht und klopfendem Herzen. Er hatte gesehen, wie ein großer Adler auf Eure Hühner herabstieß, eins derselben erbeutete und dem nahen Gehölz zuschleppte. Rasch holte er Eure Flinte heraus, die mit Kaninchenschrot geladen war, und folgte dem Hühnerdieb in das Dickicht nach. Dort hatte sich das Huhn aus den Klauen seines Räubers losgerungen und duckte sich flüchtend von Busch zu Busch, fortwährend verfolgt von dem betrogenen Raubmörder. Sofort giebt David dem Adler seine Ladung Schrot, muß sich aber unmittelbar dqrauf in einem Kampf auf Leben und Tod seiner Haut gegen das mächtige Tier wehren, das ihn wütend mit Schnabel, Krallen und Flügelschlägen anfällt. Er aber schwingt aus aller Macht den Flintenkolben rechts und links. Es glückt ihm, den keifenden Angreifer niederzuschlagen. Er nimmt ihn auf, um ihn Euch und ganz Ebenezer im Triumph zur Schau zu bringen. Als er indes Euren Zaun übersteigt, entreißt sich plötzlich der wieder erwachte Räuber seinen Händen und sucht Rettung rückwärts im Walde. Doch der kleine Nimrod ist keineswegs gewillt, sich mit dem Nachsehen zu begnügen. So schnell ihn seine kleinen Beine tragen, eilt er dem Flüchtling nach, der nun aber unter seinen erneuten grimmigen Kolbenschlägen wirklich tot auf dem Platze bleibt. Der Adler maß, wie ich selber gesehen habe, von einer Flügelspitze zur andern sechs Schuh und neun Zoll.

Jeder, der die Geschichte damals erfuhr, war voll Verwunderung über den kleinen Helden."

"Ja," schluchzte die Mutter, "und diesen Jungen auf solche Art zu verlieren, das ist hart, hart. Es hat lange gewährt, ehe ich seinen Verlust verschmerzen konnte." Sie barg ihr Angesicht in ihre Schürze und weinte. Diese Erinnerungen rissen alte Wunden wieder auf.

"Nun, nun," beschwichtigte sie der Alte, indem er den Teller von sich schob; "welche ich lieb habe, die strafe und züchtige ich, spricht der Herr."

Jetzt waren auch die Mädchen gesättigt, und die Witwe fragte ihren Gast, ob er sich auch satt gegessen habe. Als er dankend bejaht, sagte sie: "So laßt uns aufstehen und dem Herrn für seine Wohlthat danken; ich kann nicht essen!"

Nach dem Gebet, während Marie und Louise abdeckten, fuhr sie zu ihrem Besuch, der sich noch auf einige Minuten wieder niedergelassen, also fort: "Bald nachher traf mich der dritte schwere Schlag von der Rute des Herrn. Mein seliger Mann hatte sich bei dem rastlosen Suchen in Feld und Wald, beim Waten in den Sümpfen und Durchschwimmen der Flüsse so arg erkältet, und der Gram nagte so sehr an seinem Herzen, welches mit inniger Liebe an diesem seinem einzigen Sohne gehangen hatte, daß er sich niederlegte und nach wenig Wochen im Nervenfieber seinen Geist in die Hände seines Schöpfers zurückgab. Ich war vor Schmerz bald fast wahnsinnig, bald fast stumpfsinnig. Hätte da nicht der liebe Pastor Bolzius mir unermüdlich geistlich beigestanden, ich wäre vergangen in meinem Jammer. Mein Heiland lohne es ihm in Ewigkeit!"

"Das wird er," fiel der alte Diesburg ein; "denn was man auch dem geringsten seiner Gläubigen thut, das thut man hm."

"Nun habe ich nur noch einen Wunsch," setzte seine Wirtin hinzu, "nämlich auch daheim zu sein bei dem Herrn."

"Harrt geduldig aus, bis Eure Zeit nach Gottes weisem Rate kommt!" erwiederte der Schulmeister. "Vor der Hand bedürfen Eurer noch Eure Kinder. Doch," unterbrach er sich selbst, indem er aufstand und seinen Stock wieder ergriff, "ich sitze zu lange hin." Mit einem herzlichen Dank für die genossene Gastfreundschaft empfahl er sich.

Fünftes Kapitel.

"Ich habe eine Ahnung, ja ich habe eine Ahnung," sagte Andreas Zandt zu Fritz Steiner und Konrad Kirschner.

"Schon wieder?" fragte Kirschner.

"Was du," meinte Fritz spottend, "nicht immer mit Ahnungen, Prophezeiungen, Gesichtern und Gespenstern zu thun hast!"

Zandt, ein Jüngling, dem der erste Flaum auf der Oberlippe eben zu sprossen anfing, war wie Kirschner und Steiner, die wir schon kennen, ebenfalls ein Arbeiter der neuen Sägemühle. Alle drei standen bei diesem Gespräch auf einem Floß, das mit Brettern zum Verkauf nach Savannah beladen war. Die Sonne war noch nicht aufgegangen. Soeben hatten sie ihr Floß losgebunden und trieben nun langsam zwischen den waldigen Ufern des Mühlflusses hinunter dem Savannahstrome zu.

"Ja, ich habe eine Ahnung," wiederholte der junge Zandt mit wichtiger Miene, "daß uns heute auf unsrer Fahrt auch wieder etwas begegnet."

„Ach," verſetzte Fritz, was kann uns begegnen!"

„Ich ahne, was ich ahne!" fuhr jener mit ſelbſtbewußtem Nachdruck fort. „Als mein Bruder und ich vor zwei Monaten an die dreißig Buſchel Korn in unſerm Boot über den Kleinen Fluß führen wollten, da war es mir gerade ſo zu Mute wie jetzt. Und richtig! mein Bruder paßte nicht recht auf, mein Ruder zerbrach, und da warf uns die hohe Strömung mit ſolcher Gewalt an die Brücke, daß das meiſte Korn verſchüttet wurde und wir unſer Leben durch Schwimmen retten mußten. Auch meinen Rock und Hut nahmen die Wellen mit nach dem Savannah. Was mögen die Fiſche gedacht haben, als auf einmal ſo viel Korn auf ihre Köpfe herunterregnete!" Bei dieſen Worten brach er in lautes Lachen aus.

„Aufgepaßt, Andres, auf deiner Seite!" unterbrach der griſtige Kirſchner ſein Vergnügen. „Siehſt du den dicken Baumſtamm nicht, der dort vom Ufer ins Waſſer ragt? Gleich jagen wir dran!"

Andres arbeitete mit aller Macht, um das Floß aus dem Bereich des Baumſtamms zu halten. Als ſie glücklich vorüber waren, ſagte er mit pfiffigem Augenblinzeln: „Seht ihr, viel hätte nicht daran gefehlt, ſo wäre meine Ahnung ſchon hier in Erfüllung gegangen."

„Ja," gab Kirſchner ſtreng zur Antwort, „deine Tölpelei bringt es am Ende noch dahin."

„Jetzt will ich auch gar nichts mehr ſagen!" brummte Andres und betrachtete mürriſch den Schaum an der Seite des Floſſes.

„Aha!" rief Steiner nach einer kleinen Weile, „dort iſt die große Inſel ſchon; jetzt kommen wir bald in den Savannah. Gebt acht, die Strömung fängt ſchon allmählich an, ſtärker zu werden."

Diese Insel lag mitten im Savannahstrome der Mündung des Mühlflusses gerade gegenüber.

„Wißt ihr," hob Andres, dessen Zorn schon verraucht war, wieder an, „wie mir der Mühlfluß mit der Insel im Savannah immer vorkommt?"

„Nun?" fragte Fritz.

„Wie eine große Wasserschlange, die nach einem Ochsenfrosch schießt," war die Antwort.

Selbst Kirschners ernste Sinn entwölkte sich bei diesem Einfall des dummklugen Andres, und Fritz antwortete mit einem schallenden Gelächter.

„Dort kommt die prächtige Morgensonne hinter der Insel herauf," sagte der verständige Konrad dann, „und alle Vögel im Walde loben ihren Vater im Himmel. Laßt uns nicht hinter den unvernünftigen Kreaturen zurückstehen!"

Sie nahmen ihre Hüte ab, Kirschner stimmte an, und so sangen sie einen fröhlichen Morgengesang aus voller Brust, der ebenso fröhlich aus den grünen Wäldern zu beiden Seiten zurückhallte.

Nachdem sie ihren Gesang ohne Unterbrechung ihrer Arbeit zu Ende geführt, bogen sie in den Savannah ein und fuhren also die Insel entlang nach Süden. Diese Insel dehnte sich eine lange Strecke im Strome aus; denn sie wurde gebildet durch einen Bach, fast so groß wie der Mühlfluß, der oben dem Blauen Berge gegenüber aus dem Savannah ostwärts ein wenig ins Land und unterhalb des Mühlflusses wieder in den Schoß seiner Mutter zurückfiel. Sie war durchweg nur eine Ebene. Schöne Cypressen wuchsen darauf, und das Land, flach und oft unter Wasser, bot so überaus ergiebige Grasfluren, daß jährlich dreimal Heu gemacht werden konnte. Eine Anzahl von den Einwohnern Ebenezers hatten hier ihre Farmen von je hundert Ackern, wozu sie die Sümpfe als Zugabe erhalten hatten.

„Aber," rief Andres, indem er seine Augen über die Insel schweifen ließ, „was müssen sich hier doch die armen Leute zur Nachtzeit mit den wilden Katzen, Bären und Hirschen und bei Tag mit den frechen Eichhörnchen herumbalgen, um ihre Feldfrüchte vor diesen Vielfraßen zu bewahren! Wenn ich hier Land hätte und in Ebenezer wohnte, wie diese Leute, ich würde mich mit etwa zehn andern zusammenthun, daß die eine Hälfte auf allen Plantagen die Arbeit versähe und die andere Hälfte im Wachen mit Gewehren und guten Hunden bei Tag und Nacht Umschicht gehen ließe. Wenn jeder auf seinem eigenen Land bei seinen geringen Arbeitskräften pflanzen und wachen will, so steckt jeder in seinen eigenen Büschen und Sümpfen, hat es mit dem Raubvieh allein zu thun und wird wenig davonbringen."

„Ein weiser Rat," meinte Kirschner. „Schade nur, daß er nicht befolgt wird!"

„Habt ihr," fragte Steiner, als sie eben die Insel hinter sich ließen, „schon etwas gehört von dem Salzgras, das hier auf dem Felsengrunde des Flusses wachsen soll, woraus die Indianer Salz kochen?"

„Nein," sagte Kirschner, „ich nicht; was ist es damit?"

„Es sind lange Stengel ohne Blätter. Pferde, Rindvieh, Hirsche und Biber fressen es gern. Die Biber holen es sich selbst heraus und werden dafür oft von unsern Leuten auf der Insel des Nachts geschossen. Die Indianer tauchen danach, trocknen es, brennen es zu Asche und kochen die Asche; dann schwimmt das Salz im Topf oben auf und wird abgeschöpft, und wenn es kalt geworden ist, gerinnt es zu einer festen Masse. Es wird hernach gleich andrem Salz gebraucht. Wenn aber das Gras bei niedrigem Flußwasser oder, herausgenommen, in der Sonne erst ganz dürr geworden ist, so giebt es kein Salz mehr."

Jetzt fing Andres, der schon eine Zeitlang träumerisch in die Wellen gesehen hatte, erst leiser, dann immer lauter an zu singen:

„Das Vöglein sang in grünen Zweigen
Am Strome seinen Frühlingsreigen:
Mein Schöpfer ist mir gut und noh;
Sollt' ich nicht singen, fröhlich sein?
Der Knab' im Kahne sagte ja,
Die Wassernixe sagte nein.

Froh will ich meinen Vater preisen!
So sang es fort in lauten Weisen;
Wie ich in Feld und Walde sah
So sorgt er auch fürs Vögelein.
Der Knab' im Kahne sagte ja,
Die Wassernixe sagte nein.

Da braust der Sturm, die Wolken ziehen,
Der Donner rollt, die Blitze glühen.
Es ward der Kahn der Fluten Raub;
Doch glücklich kam der Knab' ans Land,
Und Vöglein barg sich unterm Laub: —
Die Wassernixe, die verschwand."

„Bengel," fragte Kirschner erfreut, „wo hast du das schöne Liedchen her?"

„O," gab der Sänger gleichgültig zur Antwort, „das habe ich letzthin beim Fischen selbst gemacht."

„Ei was!" erwiederte Kirschner verwundert.

„Was ist denn eigentlich der Sinn in dem Ding?" fragte Fritz.

„Nun," erklärte unser Dichter, „es ist einfach ein Liedchen von einem Vöglein, einem Knaben und einer Wassernixe. Doch wenn du mit Gewalt noch einen besondern Sinn haben mußt, so kannst du dir ja meinetwegen unter dem Vöglein die Natur, unter dem Knaben den Christen, unter der Wassernixe den bösen Geist und unter dem Gewitter das jüngste Gericht denken."

„Du bist nicht so dumm, Andres, nicht so gar dumm!" meinte Fritz.

„Recht sinnreich!" nickte der ältere Genosse.

„Es klappt nur nicht alles!" warf Steiner ein.

„Das soll es auch nicht!" gab Andres kurz zur Antwort.

So kam der Mittag heran. Die Sonne brannte heiß auf ihre Scheitel nieder. Durch kleine Lichtungen des Waldes auf dem rechten Ufer winkten von ferne, während sie langsam vorbeifuhren, die Giebel von Gosen freundlich herüber. Auch diese kleinere Ansiedelung von Salzburgern, die jüngere Schwester von Ebenezer, hatte bereits ihr eigenes, obwohl bescheidenes Gotteshaus, wo die Pastoren Bolzius und Lemke abwechselnd Sonntags und in der Woche predigten und Konfirmandenunterricht erteilten. Soeben erklang, kaum vernehmbar, die kleine Betglocke von der Kuppel des Kirchleins her. Unsre drei Freunde nahmen schweigend ihre Hüte ab, ließen ihr Floß einige Minuten treiben und beteten mit gefalteten Händen ein Vater-Unser. Dann setzte Kirschner sich auf eine Ecke der Bretter, langte seinen Korb hervor und fing nach einem stillen Gebet an, sein einfaches Mittagsbrot zu verzehren, während die andern beiden das Floß allein regierten.

„Hier," sagte Fritz, indem er auf das linke Ufer zeigte, „fangen die Niederungen schon an, in denen das Marschgras wächst. Es sieht aus wie Schilf und Rohr. Viele arme Leute verdienen dadurch ihr Brot, daß sie das Gras mähen und in Booten nach Savannah zum Verkauf bringen, wo die Reichen einen guten Preis dafür bezahlen, es dörren und ihre Pferde füttern."

„O ja!" rief der junge Zandt, indem er auf das hohe Ufer zur Rechten deutete, „und hier herum, wo die Felsen so wild zerklüftet und von wirrem Gestrüpp so geheimnisvoll überwuchert sind, muß die Teufelshöhle sein."

„Die Teufelshöhle?" fragte Fritz erstaunt.

„Ja," sagte Kirschner, indem er einen Schluck aus seiner Weinflasche nahm, „das ist eine merkwürdige Höhle. Viele haben schon halbe Tage damit zugebracht, ihre Öffnung zu suchen, haben sie aber nicht entdeckt. Andere haben den Eingang zwar gefunden und sich den Ort bezeichnet; wenn sie aber zum zweiten mal kamen, fanden sie ihn doch nicht wieder. Die Öffnung ist dicht über dem Wasserrande und so klein, daß sie unter dem wilden Gebüsch kaum bemerkbar ist und ein Mann sich nur mit genauer Not durchzwängen kann. Doch wenn man hindurch ist, so wird sie größer, bis man aufrecht darin stehen kann, und mit Hülfe einer Lampe kann man durch scheinbar nie endende Felsengänge, Höhlungen, Kammern und Gewölbe tappen. Allein ganz ist sie noch niemals durchforscht worden, da auch die Luft in ihr sehr unrein und gefährlich ist."

„Wißt ihr auch," fragte Andres, „warum sie die Teufelshöhle heißt?"

„Nein," gab Steiner zur Antwort, und Kirschner sagte, er habe die Geschichte vor langen Jahren einmal gehört, aber fast ganz wieder vergessen. Dann begab er sich nach stillem Dankgebet wieder an seinen Posten, indem er den Jüngling zum Erzählen aufforderte, und eben wollte Fritz sein Ruder niederlegen, um sich zum Essen hinzusetzen, als dicht vor ihm

neben dem Floß eine mächtige Fischotter aus dem Waffer auf=
tauchte mit einem fetten Hecht zwischen den Zähnen. Hastig
schlug er darnach, traf aber nur streifend ihr Steuer, den langen,
breiten Schwanz, und mit erstaunlicher Behendigkeit glitt das
schlanke Tier mit seinem Raube durch die Wellen nach dem
Ufer, ging ans Land und ließ sich im Angesicht unsrer drei
Schiffer behaglich nieder, um seine Beute in aller Ruhe zu
genießen.

„Soll ich ihr," fragte Andres, „ein Prost=die=Mahlzeit
aus der Büchse zuschicken?"

„O was!" gab Kirschner zur Antwort, „laß ihr das Ver=
gnügen; es thut wohl, einen leeren Magen füllen zu können.
Wir haben ja doch keine Zeit sie zu holen."

„Wenn du nämlich ausnahmsweise träfest!" fügte Fritz
lachend hinzu.

Während dieser nun sein Mittagsbrot verzehrte, hob unser
Poet also an zu erzählen: „Vor langen, langen Jahren, da
die Indianer und Büffel noch allein in diesen Gegenden als
die Herren des Landes strolchten und die Wölfe und Rehe und
Füchse nur vor des roten Mannes Pfeil sich hier durch die
Büsche schlugen, da kam eines Tages ein weißer Mann von
Osten in diese Wälder. Sein Weib war auf seinen Irrfahrten
längst erlegen; nur noch eine Tochter, eine bildschöne Jung=
frau, hatte er bei sich. Sie begleitete ihn auf all seinen Jagden
und Wanderungen, meistens auf einem indianischen Pony rei=
tend. Sobald der Häuptling des Stammes, welcher diese
Wälder und Ebenen als seine Jagdgründe beanspruchte, sie
erblickte, verlor er sein Herz an sie, obgleich er schon drei
Squaws besaß. Er ließ um das hübsche Bleichgesicht anfra=
gen und bot dem Vater an, ihn in seinen Stamm aufzunehmen
und zu einem der geehrtesten seiner Volksgenossen zu machen.

Allein der Vater schlug alle diese Freundlichkeit rundweg aus, und die Folge davon war eine feierliche Beratung der Rotmänner. Es wurde beschlossen, den Tomahawk auszugraben und den Köcher zu füllen, um sodann den Vater beiseite zu schaffen und das Mädchen gefangen zu nehmen. So rüsteten sich denn die Krieger mit ihren Messern, Köchern und Tomahawks, bestiegen ihre Rosse und rückten aus, den Aufenthalt des kühnen Fremdlings aufzusuchen. Dieser aber hatte so etwas erwartet und sich deshalb mit seiner Tochter in einem Kahn vom Fell des Büffels auf die Flucht begeben. Sie ruderten rüstig den Savannah herunter, bis sie sich in dieser Gegend plötzlich von johlenden Rothäuten auf beiden Ufern umgeben und von weiterer Flucht durch ein Gewimmel von bemannten Kähnen abgeschnitten sahen. Etwas Verzweifeltes mußte geschehen und zwar geschwind, wollten sie gerettet sein. Da fiel das Auge des Mannes auf ein außerordentlich dunkles Dickicht, das bis nahe auf den Wasserspiegel vom felsigen Ufer herüberhing. Wie ein Blitz schoß er darunter, stieg aus und überließ den Kahn den flutenden Wogen. Jetzt erblickte er auch eine kleine Öffnung im Felsen. Er zwängte zuerst seine Tochter hindurch und folgte dann selbst, mit den Füßen voran, entschlossen, seine Tochter mit dem eigenen Leben zu schützen. Vier lange Tage lagen beide so in der Höhle ohne Speise und Trank, indem der Vater mit dem eigenen Leibe die Öffnung verschloß, die Tochter aber in dem unheimlichen Innern zitterte. So dunkel war es inwendig, daß die Jungfrau, aus Furcht, in einen Abgrund zu stürzen, sich nicht von der Stelle bewegte. Ihre wilden Verfolger trampelten beständig vorwärts und rückwärts über und um den Ort, wo sie Zuflucht gefunden hatten, und die Höhle dröhnte oft dumpf von ihrem Rabengekrächz wieder. Sie kamen zu Zeiten so nahe, daß unser

Flüchtling ihren Atem hören konnte. Endlich aber gaben sie ihre fruchtlose Verfolgung auf und gingen zähneknirschend davon. Die Gefangenen lauschten noch eine Zeitlang mit gehaltenem Atem. Als sie aber nichts mehr vernahmen, suchte der Vater sich loszuwinden. Allein er hatte sich so fest in seine Lage eingekeilt, daß es ihm bei seiner großen Erschöpfung nicht möglich war, zu entkommen. Seine Tochter suchte ihm beizustehen; doch auch sie sank vor Hunger ohnmächtig nieder. In dieser schrecklichen Not raffte sie sich endlich auf und fing an umherzutappen, ob sie nicht einen andern Ausweg, oder etwas zu essen und zu trinken entdecken könne. Sie wanderte weiter und weiter in ihr riesiges Grab hinein, in der dicken Finsternis immer um sich fühlend und oft an den rauhen Felsvorsprüngen sich schrammend. Das Stöhnen ihres Vaters wurde, je weiter sie vordrang, leiser und leiser, und war endlich ganz still. Sie hatte sich in den wirr durcheinander verflochtenen Gängen und Gewölben verirrt und erkannte mit Todesschrecken, daß sie sich nicht mehr zurückfinden könne. Der Angstschweiß stand ihr auf der Stirn. Schreiend suchte und tastete sie, vom Entsetzen immer heftiger gejagt, umher, bis sie endlich blutend und völlig matt zusammenbrach und auf dem steinernen Boden den Geist aufgab. — Viele Jahre darnach entdeckten Fischerknaben zufällig den Eingang der Höhle und in demselben einen Haufen Knochen. Etliche mutige Männer unternahmen es nun, die Höhle zu untersuchen. Sie entfernten die Knochen und drangen ein. Sehr üble Gerüche wehten aus den inneren Höhlungen hervor. Fledermäuse flatterten von ihren Horsten. Sonst regte sich kein Leben, bis plötzlich eine Erscheinung in Gestalt einer schönen Jungfrau, bekleidet mit einer weißen Büffelhaut und einen purpurnen Pelz auf dem Haupte, vor sie hintrat. Die

Erscheinung winkte ihnen, nach den inneren Gewölben ihr nachzufolgen. Dort sahen sie Knochen, Tomahaks, Messer, Perlen, Pfeilspitzen und anderes bunt durcheinander liegen. Seitdem geht die Sage, daß der Geist der weißen Jungfrau, welche mit ihrem Vater ein so trauriges Schicksal hatte, am Eingang der Höhle stehe und alle Indianer, die in die Nähe kommen, einzeln durch wundervollen, unwiderstehlichen Gesang in das Innere locke und da eine unersättliche Rache an ihnen nehme, und Unzählige seien schon ihre Opfer geworden. Daher die abscheuliche Luft in der Teufelshöhle und daher ihr Name." —

So verkürzten sich unsre drei Freunde ihre Fahrt, die ausnehmend glücklich von statten ging. Je mehr aber der Tag sich zum Abend neigte, desto mehr sahen sie ein, daß sie sich noch gewaltig sputen mußten, wenn sie noch vor Nacht in Savannah eintreffen wollten. Allein als die Sonne endlich hinunter gesunken war, befanden sie sich noch mehrere Meilen weit von Savannah und sahen, daß es ihnen wegen der ihnen entgegensteigenden Flut, die vom Meer einige Meilen den Fluß hinauf sich erstreckt, ganz unmöglich wurde, die Stadt noch zu erreichen. Da sie jedoch gar zu gern in Savannah übernachten wollten, so entschlossen sie sich kurz, führten ihr Floß ans Ufer und banden beide Enden desselben mit Ketten an starken Bäumen fest. Dann machten sie sich zu Fuß auf den Weg nach der Stadt.

Als sie früh am andern Morgen wieder an diese Stelle zurückkamen, fanden sie zu ihrem großen Schrecken keine Spur mehr von ihrem Floß. Sie ergingen sich in Mutmaßungen über das Loskommen und den Verbleib desselben, streiften das Ufer entlang durch Büsche und Schluchten weiter nach unten und suchten in allen Buchten und Nebenflüssen, bis sie es endlich nach stundenlangem Suchen an einem Vorsprung des Ufers erblickten, wo es sich zwischen Bäumen, die ins Wasser niedergefallen waren und bereits faulten, fest gesetzt hatte. Zugleich aber bot sich ihren Augen ein merkwürdiger Anblick. Der eklig aufgedunsene Leichnam eines gewaltigen Büffels trieb langsam den Fluß hinunter auf ihr Floß zu, und auf dem Aas hockten zwei Wölfe, die schon tiefe Löcher dareingegraben hatten und vor Übersättigung nur noch schlaff und faul die besten Stücke aussuchten. Das wunderliche Fahrzeug schwamm mit seiner ebenso wunderlichen Fracht wirklich bis an das Floß unsrer Freunde und blieb mit seinen kurzen krummen Hörnern daran hangen. Das schien dem einen Passagier ganz willkommen zu sein; er beschnupperte das Floß erst neugierig, kletterte dann langsam auf dasselbe hinauf und streckte sich neben den Brettern behaglich in den Strahlen der Morgensonne nieder. Der andere aber zog es vor, auf seiner Fähre, die aus lauter Proviant bestand, noch ein Viertelstündchen zu verweilen und sich noch einige saftige Leckerbissen zu Gemüte zu führen. Dann legte auch er, zu faul auf das Floß zu klimmen, sich, wo er war, zu einem kleinen Schläfchen nieder.

Die verdutzten Schiffer hatten sich in einiger Entfernung unter dem Gehölz ruhig verhalten und das alles verwundert mit angesehen. Jetzt aber war guter Rat teuer. Wie sollten sie die unwillkommenen Gäste los werden? Die konnten ja den ganzen Tag schnarchen, und dann sich wieder voll fressen und noch einmal hinlegen. Sie hatten zwei Flinten mitgenommen, aber leider die eine gestern Abend im Floß liegen lassen. Mit der andern wollte Kirschner schon schießen und überlegte nur noch, welchen von den Fressern er zuerst aufs Korn nehmen solle. Da kam unsrem Andres ein Gedanke.

„Halt!" flüsterte er, „wir schleichen uns alle drei nach dem vordern Ende des Floßes; da liegt ja die andere Flinte."

„Wenn sie nicht gestohlen ist!" warf Fritz ein.

„O was!" fuhr Andres fort; „da an der Seite stehen ja unsere Eßkörbe noch gerade so, wie wir sie gestern hingesetzt haben, und wenn die unberührt geblieben sind, so ist gewiß kein Dieb bei unserm Floß gewesen. Also aufgepaßt! Ich bewaffne mich mit Axt und Messer, und ihr beiden nehmt jeder einen vor die Mündung, zielt gut und drückt zu gleicher Zeit ab. Sollte einer verfehlen, so sind wir alle drei beisammen und stoßen das Vieh in die Wellen. Übrigens sind die Wänste jetzt vollgefressen und zu unbeholfen, um uns etwas anhaben zu können."

Dieser Kriegsplan wurde angenommen. Sie kamen glücklich bis an das Floß, ohne die guten Freunde in ihrer süßen Ruhe zu stören. Es gelang Fritz, die andere Flinte ohne Geräusch hervorzuziehen. Beide legten an und Andres, die Axt zum Schlage bereit haltend, zählte: „Eins — zwei — drei!" Beide Gewehre krachten in dem nämlichen Augenblick. Kirchners Beute streckte nur alle Viere von sich und rührte sich nicht mehr. Steiner aber, der den Wolf auf dem Büffel zu seiner Zielscheibe gemacht, hatte nicht so glücklich getroffen. Freund Vielfraß fühlte sich nur etwas unsanft hinterm Ohr gekitzelt und sprang wütend auf, um zu sehen, wer seine Träume unterbrechen wage. Bei seinem Aufsprung aber glitt er auf seinem schlüpfrigen Lager aus, und da es nicht sonderlich breit war, rutschte er ins Wasser, das sein Nachgeheul erstickte. Die außerordentliche Labung seines Magens lähmte ihm die Glieder und zog ihn niederwärts, und da Kirschner mit einem langen Brett redlich nachhalf, so mußte er sich zu einem nassen

Grabe bequemen. Unsre drei Freunde setzen dann, nachdem sie ihr Floß mit vieler Mühe wieder losgearbeitet hatten, ihre Reise nach Savannah vergnügt fort.

Sechstes Kapitel.

Die späte Augustsonne schien klar und ruhig hernieder, als an einem Samstagnachmittag, da keine Schule war, Wilhelm Kalcher mit seinem gleichaltrigen Schulkameraden, Michel Waldhauer, sowie Lenchen Kalcher und ihre Freundin Pauline Steiner scherzend und singend auf der Savannah-Road von Ebenezer nach dem Blauen Berge zuwanderten. Die Knaben trugen lange Angelstangen mit ihren Leinen umwunden auf der Schulter und kleine Büchsen mit Erde und Würmern in den Händen. Die beiden Mädchen aber waren mit leeren Körben versehen. Als sie unter vergnügten Plaudereien ihr Ziel, das Ufer des Ebenezerflusses am Fuße des Blauen Berges, erreicht hatten, suchten sich unsre Fischer sogleich günstige Standorte am Rande des Wassers nicht weit von der Brücke, die jetzt endlich hier auf Betrieb und unter Aufsicht des Herrn Pfarrers gebaut und erst vor kurzem vollendet worden war, wickelten ihre Leinen los, versahen die Haken mit Würmern und warfen ihre Angeln aus mit gespannter Erwartung. Sie flüsterten nur leise, um die Fische nicht wegzuschrecken, und verwandten kein Auge von ihren Pfropfen, um augenblicklich, sobald dieselben unter dem Wasser verschwinden würden, die Beute auf Trockene zu ziehen. Die beiden Mädchen gingen zwischen den waldigen Hügeln und dem krummen Flußufer etwas weiter hinauf, allenthalben unter den Bäumen und Ge-

büschen umherspähend. Sie waren kaum hundert Schritt weit
gekommen, als sie auch schon in reichstem Maße fanden, was
sie suchten, nämlich wilden Wein. Hier, wie überall in der
Umgegend von Ebenezer, wuchsen die wilden Trauben an den
Bergseiten und Flüssen in üppiger Fülle. Die Reben rankten
sich zwischen den Büschen und Baumzweigen hoch hinauf, und
die Trauben, oft eine Mannshand lang, strotzten so frisch und
lecker unter dem grünen Laub hervor, daß die Hand sich un=
willkürlich danach ausstreckte und das Wasser im Munde zusam=
menlief. Pastor Bolzius und einige Salzburger hatten früher
schon versucht, bei Ebenezer nach europäischer Weise Weingär=
ten anzulegen. Obgleich aber dieselben anfangs sich vortreff=
lich angelassen hatten, so war doch nach etlichen Jahren nichts
daraus geworden, und nun sammelten sich die Einwohner von
Ebenezer alljährlich eine große Menge von wilden Trauben, um
daraus, wenn sie genug zu Wein verwendet hatten, teils Essig
zu machen, teils Branntwein zu brennen.

„Ist es nicht merkwürdig," sagte Lenchen, indem sie ihren
Korb hinsetzte und anfing, die Reben niederzuziehen und nur
die vollsten Trauben zu brechen, „daß diese blauen, süßen
Weintrauben so gesund sind. Ich habe schon manchmal so viel
davon gegessen" — und sie steckte wieder ein paar der saftigsten
Beeren in den Mund —, „daß ich nicht mehr essen konnte, und
nie noch haben sie mir im mindesten geschadet. Ich nahm mir
zwar oft vor, wenn ich eine besonders pralle Beere mir
schmecken ließ: das soll nun die letzte sein; aber ich fand dann
immer wieder eine, die noch saftiger und süßer schien, und die
war dann auch zu gut, in den Korb zu wandern."

„Die schwarzen Trauben aber," erwiderte Pauline,
„machen Bauchgrimmen. Ich war letzthin einmal halb krank
davon." Bei diesen Worten ihrer Freundin ging Lenchen um

das Gebüsch, an welchem sie bis jetzt gepflückt hatte, herum, um auf der andern Seite etwas höher reichen zu können, wobei sie plötzlich zusammenschrak. Es war weiter nichts, als daß ein Eichhörnchen im Baume über ihr seinen Schweif ausbreitete und in einen benachbarten Wipfel durch die Luft hinübersegelte.

Pauline fing an zu lachen und sagte: „Du erschrickst ja vor dem unschuldigen Nußknacker wie vor Jochem, wenn du ihn plötzlich erblickst!"

„Kommst du schon wieder mit dem Wilden Jochem!" rief Lenchen.

„Ei warum nicht," sagte jene leicht; „ich muß dich doch zum Zeitvertreib ein wenig necken. Denn der Jochem schwänzelt immer hinter dir herum, als wenn es sonst gar keine Mädchen gäbe."

„Höre mal," entgegnete Lenchen halb ärgerlich, „wenn du mich noch lange mit dem garstigen Jochem neckst, dann werde ich dir ernstlich böse, das sollst du sehen. Ich kann ihn nun einmal nicht leiden und will nichts mit ihm zu schaffen haben. Der Gedanke, daß er mein Mann würde, ist mir so schrecklich, daß ich es gar nicht sagen kann. Und doch weiß ich selbst nicht eigentlich, warum; ich fühle mich sonst sogar geheimnisvoll zu ihm hingezogen, und als einen Bruder könnte ich ihn wohl lieb haben. Aber mein Mann—nein, nie und nimmer!"

„Ei, Lenchen!" beschwichtigte die Spötterin, „sei doch nicht albern; es ist ja doch nicht so übel gemeint."

Dies verursachte jedoch eine kleine Verstimmung und beide pflückten schweigend mit noch größerem Eifer. Nur das dumpfe Rufen einer fernen Rohrdommel, das Schellengeläute einer nahen, weidenden Rinderherde und das Hacken der Spechte an den Baumstämmen unterbrach die Stille, wozu auch die Ochsenfrösche am seichten Rande des Flusses mit ihrem Quaken dann und wann das Ihrige beitrugen.

„Hast du," hob endlich Pauline das peinliche Schweigen wieder auf, „schon gehört, was für einen lustigen Streich Jochem die letzte Woche gespielt hat?"

„Nein," antwortete Lenchen; „welchen?"

„Der Waldhauer," erzählte die andere Winzerin, „der dort hinten seine Plantage hat, wo der Ebenezer und Savannah zusammenfließen, hatte eine große, schwarze Sau, die sich immer in Ebenezer herumtrieb und besonders vor Jochems Schmiede alles aufwühlte. Letzte Woche war sie auch in seinen Garten eingebrochen und hatte in der Nacht ein großes Stück seiner Kartoffeln und andere Früchte zerstört. Was thut Jochem? Er macht sich zwei kleine Ketten, etwa anderthalb Fuß lang, und an jedem Ende derselben ein kleines Hufeisen. Dann kriegt er die Sau mit Hülfe des Andres Zandt beim Kragen, knebelt und bindet sie, schlägt ihr die Hufeisen auf und läßt sie gehen. Weil aber die rechten und die linken Füße durch die Ketten verbunden waren, so mußte sie gegen ihre Gewohnheit jetzt die beiden rechten und dann die beiden linken Füße vorwärtssetzen. Das gab zuerst auf jeden Schritt einen putzigen Purzelbaum. Es mag Mitternacht geworden sein, ehe sie sich wehmütig grunzend bis nach Hause geturkelt hatte. Am andern Morgen aber waren ihr die Beine so aufgeschwollen und peinigten sie so sehr, daß sie nicht fressen und nicht saufen wollte und Waldhauer sie schlachten mußte. Da hat Jochem dem geizigen Waldhauer einmal einen prächtigen Streich gespielt. Waldhauer ist ihm auch seitdem grimmig böse. Ich hätte die beschlagene Sau purzeln sehen mögen!" Pauline wollte sich vor Lachen ausschütten!

Lenchen aber sagte entrüstet: „Das ist ein abscheulicher

Tort! Das ist gerade so gut, als wenn Jochem die Sau gestohlen hätte. Und du bist die erste, von der ich höre, daß Herr Waldhauer ein Geizhals ist. Er ist wohl sparsam und hält das Seinige zusammen; aber zwischen Sparsamkeit und Geiz ist doch noch ein großer Unterschied. Und du kannst über diese schändliche Flegelei des Jochem so lachen; schäme dich, Pauline!" Pauline schwieg beschämt.

Unterdessen hatten unsere Fischer schon eine gute Anzahl von den schuppigen Bewohnern des Wassers mit ihrer Lockspeise betrogen, ihrem heimatlichen Element grausam entrissen und dann durch die Kiemen auf Weidenruten, die am dicken Ende mit einem Widerhaken versehen waren, gezogen, wo sie nach Herzenslust sich gegenseitig peitschen konnten. Eben verschwand Michels Pfropfen wieder mit Blitzesschnelle unter dem Wasser, und der kleine Fischverfolger fing an langsam herauszuziehen. Aber diesmal war es erstaunlich schwer, daß er sogar fürchten mußte, seine Leine werde zerreißen. Mit klopfendem Herzen erwartete er einen besonders fetten Braten und Wilhelm schaute gespannt zu. Da tauchte es aus den Wellen auf — es war eine große Schildkröte. Vor Schreck und Ekel ließ Michel seine Stange fallen und sprang zurück.

„Dummer Kerl, halt doch fest!" rief Wilhelm, eilte hinzu und ergriff Michels Stange eben noch früh genug, daß die Schildkröte nicht damit entlaufen konnte. Er zog sie ans Land, schnitt ihr mit seinem Taschenmesser den Kopf ab und löste, während Michel sich allmählich von seinem Schrecken wieder erholte, die Angel aus dem Halse. „Jetzt steck einen Köder an," sagte er dann zu seinem furchtsameren Genossen, „und wirf wieder aus!"

„Was," meinte dieser, indem er einen Wurm aus seiner

Büchse hervorlangte, „was will das eklige Tier an meiner Angel? Es hält sich wohl für einen Fisch."

„O," gab Wilhelm zur Antwort, „die Schildkröte ist doch kein so ekliges Tier. Ich habe schon gehört, daß es Leute giebt, welche Schildkröten kochen oder braten und essen."

„Puh!" blies Michel, indem er eine Grimasse voll Abscheu schnitt, „die Leute sollten sich schämen!"

Eine Zeitlang angelten sie schweigend fort und Wilhelm zog von Zeit zu Zeit ein Schuppentier empor; an Michels Angel hingegen wollte vorläufig nichts mehr anbeißen. Er zog sie wiederholt heraus und spie daran, um sie für die ersehnte Beute leckerer zu machen. Aber es wollte nichts helfen. Er begann vom stieren Ansehen des Pfropfens nach und nach müde zu werden und fragte deshalb zur Abwechslung: „Willie, sag mir mal, warum heißt dieser Berg da eigentlich der Blaue Berg? Was ist denn Blaues dran?"

„Mir hat es Zandts Andres einmal gesagt," erzählte Wilhelm, „und das ist eine sonderbare Geschichte. In alten Zeiten nämlich wohnte hier um den Fuß des Berges ein Indianerstamm, der alljährlich von einem riesigen Raubvogel, dessen Horst auf der Spitze des Berges war, heimgesucht wurde. Jedes Jahr holte der Vogel ein Kind des Stammes und immer nur das schönste und stärkste. Lange Zeit ertrug der Stamm diese Gewaltthaten; endlich stand ein weiser Häuptling auf und ermahnte das Volk, sich diesen Räubereien zu widersetzen. Alle stimmten ihm bei. Weiber und Kinder wurden in Sicherheit gebracht, und die Krieger rüsteten sich zu einem Feldzug gegen den bösen Vogel. Der Berg war damals noch mit dichten Waldungen bekleidet. Die Krieger kletterten von allen Seiten hinan. Als sie aber nach großen Anstrengungen oben ankamen, fanden sie nicht bloß einen, sonbern Tausende von solchen Riesengeiern, die ihnen augenblicklichen Tod drohten. In ihrer Angst, da die Geier mit geschwungenen Flügeln und betäubendem Gekreisch auf sie einstürmten, schrieen sie zum Großen Geist, und siehe! da fiel eine kleine blaue Flamme vom Himmel auf den Berg nieder, fachte sich hier schnell wie der Blitz zu einem blauen Feuermeer an, tötete die Ungeheuer allesamt und brannte einen großen Teil der Waldungen weg, daß die Krieger wie rollende Kiesel vor den Flammen vom Berge heruntereilen mußten. Seitdem heißt er der Blaue Berg."

"Ach, das glaube ich nicht!" rief Michel. "Die wußten ja von unserm Herrn Jesus nichts!"

In diesem Augenblick raschelte und knisterte und krachte es in dem Gebüsch auf dem gegenüber liegenden Ufer, daß die Knaben verwundert aufblickten, und plötzlich stürzte ein Indianer vom Abhang herunter, warf sich in den Fluß und schwamm auf die vor Schrecken fast erstarrten Angler zu, indes die Pfeile seiner Verfolger rings um ihn ins Wasser regneten. Wilhelm und Michel liefen schreiend davon und ließen ihre Angeln, Fische und alles im Stich. Ebenso schrien die Mädchen, die den Flüchtling gleichfalls erblickt hatten, vor Angst auf und liefen, ihre Körbe in den Armen, quer durch den Wald, ohne innezuhalten, bis sie atemlos Ebenezer erreicht hatten. Der Flüchtling war ans Ufer gesprungen und lief hinter unsern Fischern her, indem er sich alle Augenblicke ängstlich nach seinen Verfolgern umschaute, die aber auf dem jenseitigen Ufer anhielten und dann langsam wieder umkehrten.

"Bleibt doch stehen, ich thue euch nichts!" rief er dann den flüchtenden Knaben zu. Erstaunt wandten sie sich um.

"Laß uns stehen bleiben!" sagte Wilhelm, Mut fassend. "Das ist kein Indianer, er redet ja deutsch!"

„Er will uns bloß betrügen!" argwöhnte Michel zitternd.

„Waffen hat er auch nicht!" setzte sein Genosse hinzu.

„Hört!" rief jener wieder, indem er seine Schritte langsamer werden ließ, aber von Zeit zu Zeit sich noch umblickte; „ich will euch bloß etwas fragen. Ich bin kein Indianer; fürchtet euch nur nicht vor mir!"

Wilhelm fing nun sogar an, ihm etwas entgegen zu gehen, während sein Kamerad immer noch ängstlich auf dem Sprunge stand und mit sich selbst kämpfte, ob er einhalten solle oder nicht.

„Ist hier nicht Ebenezer in der Nähe?" fragte dann der Fremde, als er nahe herangekommen war.

„Ja!" gab Wilhelm fest zur Antwort, obgleich auch ihn noch nicht alles Zagen vor dem wilden Federbusch und der dunklen Farbe des Ankommenden verlassen wollte.

„Wohnt ihr da?"

„Ja!"

„Laßt mich mit euch gehen! Leben meine Eltern noch?"

„Wer sind deine Eltern?" fragte Wilhelm, indes sich nun auch Michel näher heranwagte.

„Meine Eltern heißen Rahn!" gab jener zur Antwort.

„Ja," berichtete Wilhelm, „es wohnt eine Witwe in Ebenezer mit Namen Rahn."

„Dann ist also mein Vater tot?" Die Augen des jungen stattlichen Mannes feuchteten sich. „Führt mich hin!" sagte er dann, indem er selber schon voranschreiten wollte.

„Aber unsere Fische und Angeln!" erinnerte Michel.

„Laß sie!" sagte David Rahn — denn er war es —; „wer weiß, ob die roten Diebe und Mörder sich nicht auf dem andern Ufer noch versteckt halten und euch ihre Pfeile in die Brust schicken würden. Kommt!" —

Am folgenden Tage — es war Sonntag — war der Wilde Jochem mit seinem Freunde, Fritz Steiner, auf der Jagd. Die Flinte auf der Schulter, die Jagdtasche an der Hüfte und umsprengt von ihren feurigen Hunden waren sie schon weit an den Ufern des Mühlflusses über Hügel und durch Schluchten bis zu Heidlingers See hinunter umhergestreift und hatten schon zwei wilde Gänse, einen Kranich, mehrere Enten und einige Eichhörnchen erlegt, was alles bereits eine schwere Tracht für sie ausmachte. Sie waren eben im Begriff, sich mit ihrer Beute auf den Heimweg zu machen, als ihre Kläffer plötzlich in einiger Entfernung ein besonders heftiges Gebell aufschlugen und im nächsten Augenblick ein Rotluchs, von ihren pfauchenden Hunden gefolgt, aus dem Dickicht hervorstürzte. Doch noch ehe sie ihre Last ablegen und ihre Gewehre zum Schuß erheben konnten, war er bereits in einem dicken hohlen Eichbaum verschwunden. Sie liefen sogleich darauf zu; doch schon hatten die vierbeinigen Jäger den Baum erreicht, steckten ihre Köpfe in die Öffnung, die sich nahe am Boden befand, und schnupperten, bellten und kratzten rings um den Baum herum wie rasend, daß ihre Beute ihnen entgangen war.

„Was fangen wir an?" sagte Jochem; „den müssen wir doch auch noch haben!"

„Steck einmal," riet Fritz, „dein Gewehr, so gut es geht, in die Öffnung hinein und schieß in den Baum hinauf. Vielleicht triffst du ihn und er kommt aus seiner hohen Zufluchtsstätte heruntergepurzelt!"

Jochem schoß; doch er schien nicht getroffen zu haben, nach dem Scharren und Knistern im Baume zu urteilen.

„Hast du keinen Feuerstein und Schwamm bei dir?" fragte Jochem; „wir wollen ihn ausräuchern."

„Ich habe leider nichts bei mir," sagte Steiner; „aber laß uns versuchen, ob wir nicht mit Pulver Feuer machen können!"

Gesagt, gethan. Sie schütteten etwas Pulver auf ein wenig dürres Laub, nahmen einen Feuerstein von der Pfanne eines Gewehrs, legten ihn daneben und schlugen mit dem Taschenmesser Funken. Das Pulver fing und entzündete das Laub und in wenig Minuten hatten sie ein lustig flackerndes Feuer. Nun schütteten sie erst dürres Laub und trockene Reiser in die Öffnung der Eiche, steckten es an und häuften dann feuchtes und grünes Laub oben darauf, daß es gewaltig qualmte. Dann stellten sie sich beide mit ihren Schießwaffen bereit und warteten, bis der arme Wicht seine Erscheinung machen würde. Es dauerte auch nicht lange, so fing der Flüchtling nochmals an, sich ängstlich in seiner Höhle zu bewegen, als wollte er noch höher hinaufklimmen, ohne zu können. Plötzlich entstand inwendig ein stärkeres Geräusch: der Luchs rutschte bald betäubt herunter auf das Feuer und zum Loch heraus. Schnell wie der Wind war er wieder auf den Beinen und flog davon und die Hunde heulend hinter ihm drein. Doch nur wenige Sprünge machte er, da taumelte er zu Boden, von zwei Kugeln durchbohrt.

„Aha! haben wir dich, du Kaninchendieb und Rattenfänger!" triumphierte Jochem, indem er den armen Schelm an den langen Haarbüscheln seiner Ohren zauste.

„Was der Strick aber für Beine machen kann!" meinte Fritz, indem er sein großes Taschenmesser herauszog, um ihrem Fange das reiche, dichte Fell über die Ohren zu ziehen. „Aber," wandte er sich dann zu Jochem, „lösche du unterdessen das Feuer wieder aus. Sonst wenn wir am Ende den Wald anzünden, geht's uns krumm!"

In kurzem war beides geschehen, und unsre Jäger beluden sich, den abgestreiften Luchs ihren Hunden überlassend, wieder mit ihrer Beute und traten abermals ihren Heimweg an.

Als sie etwa ein Viertelstündchen im Zickzack durch das Gehölz dahingegangen waren, erblickten sie ganz unerwartet wenige Schritte vor sich ein anderes Tier. Der langgestreckte Leib, den ein dunkelbrauner, auf dem Rücken weißgestreifter Pelz deckte, lief in einen langen, buschigen Schwanz aus. Es schlich gemächlich und leise umher, blieb dann stehen und guckte sie an wie ein alter Bekannter. Das Ding sah gar zu unschuldig und nieblich aus und hielt seinen buschigen Schwanz so hoch empor, als wollte es daran ergriffen und in den Armen nach Hause getragen sein. Ja es that so vertraulich und zahm, daß unsre Jäger ganz entzückt wurden, und Jochem trat behutsam näher und griff zu. Patsch! da schoß die Stinkkatze ihren scheußlichen Saft ihm in die Nase, in den Mund, in die Augen, über die Kleider, Gänse und alles, und wie vom Donner gerührt ließ er Gewehr und Enten und alles fallen und stürzte in Todesangst davon. Steiner wich im ersten Entsetzen mehrere Schritte zurück und lief dann auf einem Umwege hinter seinem flüchtenden Freund her. Ihre Hunde, die schon vorher gewittert zu haben schienen, daß hier nicht alles geheuer sei, bellten jetzt ein furchtsames Gewinsel, zogen den Schweif ein und nahmen gleichfalls Reißaus, und einige Rinder, die in der Nähe geweidet hatten, hoben den Kopf in die Höhe und begannen laut zu brüllen. Der Stänker aber blieb selbstbewußt als Sieger auf dem Kampfplatze stehen und erfüllte, den Schweif erhaben und mit Anstand hin und her schwenkend, die Luft weit und breit mit dem Weihrauch seines Ruhms.

Als unsere beiden Ritter ohne Furcht und Tadel weit

genug gelaufen zu sein glaubten, um außer dem Bereich des Ungeheuers und seiner mörderischen Batterie zu sein, blieb Jochem, der bis dahin ununterbrochen gespieen, geprustet und genießt hatte, stehen, indes die Thränen ihm aus den Augen liefen, riß seinen Rock, der fast ganz von dem entsetzlichen Naß getränkt war, heftig ab und warf ihn weit von sich in die Büsche. "Gräßlich! gräßlich!" stöhnte er dann dem Nachkommenden zu.

Dieser aber hielt in respektvoller Entfernung von ihm seine Schritte an. Er schlug ein helles Gelächter auf, als er Jochem mit solchem Ingrimm seinen Rock von sich schleudern sah, und fragte neckend: "Wo hast du deine Flinte und deine Gänse?"

"Sag mir nur erst, wo ich bin!" schrie Jochem ärgerlich und nieste wieder. "Hilf mir nur, daß ich nach Haus und ins Bett komme, sonst sterbe ich noch hier im Walde!" Er mußte erst wieder eine Flut speien, und doch wollte es ihm vor Trockenheit die Kehle zusammenschnüren. "Wasser!" ächzte er dann.

"Wenn ich's regnen lassen könnte," sagte der Schadenfrohe hinter ihm, "wollte ich dir genug geben, daß du nach Ebenezer schwimmen könntest. Aber geh nur voran, grab' aus, wo dich deine Nase hinführt. Ich will in ehrfurchtsvoller Ferne den Nachtrab bilden; denn du duftest gar zu lieblich."

"Ich kann aber den Weg nicht finden!" rief jener verzweifelt; "ich sehe noch immer alle Sterne am Himmel!"

"Geh nur zu und setz einen Fuß vor den andern!" spottete der Hintermann; "ich führe das Steuer; ich werde schon Hie oder Hott kommandiren."

Jochem mußte sich also von neuem in Bewegung setzen,

und sein Freund schritt in gemessenem Zwischenraum hinter ihm her und rief ihm zu, wenn es bergauf oder bergab, links oder rechts ging.

„Weißt du," hob Steiner nach einer Weile wieder an, „wofür das deine Strafe ist?"

„Nun?" brummte der Eingesalbte mürrisch, ohne sich umzusehen.

„Dafür," lautete das Urteil, „daß du mich verführt hast, am Sonntagnachmittag, anstatt in der Christenlehre zu sein, mit dir im Walde auf der Jagd umher zu strolchen."

„Du hast recht!" erwiderte der Vordermann, indem er über einen faulen Baumstamm strauchelte; „ich gebe jetzt alles zu. Es fällt mir noch etwas ein, wofür der Streich dieses Höllenviehs meine Strafe ist, und ich will nur gleich ohne Umschweife bekennen. Vor einigen Monaten, als ich einmal nach Savannah gewesen war, um neues Eisen einzukaufen, und spät abends mich auf dem Rückwege befand, erblickte ich euer Floß am Ufer des Flusses, mit Ketten an einen Baum gebunden. Da juckte es mich in den Fingern, daß ich euch den Streich spielen mußte, das Floß loszubinden und den Wellen zu überlassen, um euch zur Strafe für euren Leichtsinn einmal recht in Schrecken zu setzen. Allein zehn Minuten nachher gereute es mich schon; aber es war zu spät, ich konnte es nicht wieder ergreifen."

„So!" sagte Fritz; „du also warst der Schlingel, der uns den dummen Tort gethan hat! Dann hat dir der König des Stanks eine gerechte Züchtigung verabfolgt!"

So langten sie, als die Sonne sich schon zum Untergang neigte, in ihrem sonderbaren Gänsemarsch endlich in Ebenezer an. Hier aber siegte Steiners Freundschaft, daß er sich nun doch an Jochem heranmachte und ihm ins Haus und ins Bett half, wo Jochem einige Tage lang wirklich krank liegen sollte. Sein Onkel, der alte Schulmeister, war zu seiner großen Freude nicht zu Hause, als sie ankamen, sondern hatte sich schon zur Wohnung der Witwe Rahn begeben.

Siebentes Kapitel.

An diesem Sonntagabend nämlich war große Freudengesellschaft bei der Witwe Rahn. Wie die Kreise im Wasser, wenn ein Stein hineinfällt, hatte sich am Abend vorher durch ganz Ebenezer die frohe Kunde verbreitet, daß der so lange Jahre vermißte David Rahn wieder da sei, und schon an demselben Abend waren viele zu der Wohnung der über alle Beschreibung entzückten Mutter gelaufen, um den Wiedergefundenen zu sehen. Auch Lenchen Kalcher, die sich von ihrem Schrecken wieder erholt hatte, war von ihren Eltern geschickt worden, zuzusehen, ob es denn wirklich wahr sei. An diesem Sonntagvormittag war das erste, nachdem die kleine Kanone, wie gewöhnlich, die Andächtigen im Gotteshause versammelt hatte, gewesen, daß Pastor Bolzius mit der ganzen Gemeine knieend dem Herrn dankte, daß er diesen längst als tot beweinten Jüngling so wunderbar erhalten und wieder heimgeführt und dadurch dessen so schwer heimgesuchte Mutter wieder getröstet habe. Ohne weitere Einladung hatte sich dann nachmittags nach der Christenlehre fast die halbe Gemeine bei dem Hause der Witwe, die sich immer noch vor Freuden nicht satt weinen konnte, eingefunden, um ein großes Freudenfest zu feiern. Der eine hatte Brot und Kuchen, der andere Milch und Butter, der

britte Fleisch, der vierte Obst, andere hatten Teller, Messer und
Gabeln und wieder andere Tische, Bänke und Stühle mitge=
bracht, und so waren in der Geschwindigkeit an drei Seiten des
Hauses unter den Maulbeerbäumen lange Tafeln aufgestellt
und überflüssig mit Speise und Trank bedeckt. Auch Pastor
Bolzius mit seiner Tochter Katharina, Pastor Lembke, der alte
Diesburg, die ganze Kalcherfamilie und viele andere von unsern
Bekannten hatten sich eingestellt, und Davids Rechte wurde ihm
bald schier lahm von allem Händedrücken und Schütteln, wobei
der eine seine fast indianische Gesichtsfarbe, der andere seine
hohe, kräftige Gestalt, der britte sein noch so gutes Deutsch zu
bewundern fand. Am Tische mußte dann die vielgeprüfte und
jetzt so herrlich erfreute Mutter obenan sitzen, und es wurde
nicht gelitten, daß sie heute irgendwie zur Herrichtung des
Festmahls half. Zu ihrer Rechten, zwischen ihr und ihrer
lebhaften Tochter Marie, die heute ganz ausgelassen war, saß
David und zu ihrer Linken der Pfarrer, an dessen Seite sein
Adjunkt und der greise Schulmeister Platz nahmen. Dieser
stimmte sodann auf des Pfarrers Bitte ein Loblied an, welches
sich alsbald alle Tische entlang um das Haus herum fortpflanzte
und fröhlich durch die Maulbeerzweige über ihren Häuptern
emportönte. Unter vergnügten Gesprächen von den wunder=
baren Führungen Gottes, wobei man sich dankbaren Herzens
der alten Zeiten erinnerte, aß und trank man nach Herzenslust,
während die Kinder etwas abseits Ball und Blindekuh spielten
und mehrere junge Mädchen an den Tischen aufwarteten. Zu
ihnen gehörte auch Lenchen, die sich immer um den ersten Tisch
zu schaffen machte und öfter sichtlich verwirrt wurde, wenn ihr
Blick den Augen Davids begegnete.

Nachdem die Mahlzeit beendet und das Dankgebet gespro=
chen war, erhob sich Pastor Bolzius und sagte: „Wir alle

wollen gern, wie ich nicht zweifle, die Schicksale unsers lieben David hören. Da er aber immer wieder von vorn anfangen müßte, wenn er jedem einzelnen erzählen sollte, so möchte ich vorschlagen, daß wir alle uns hier versammeln und ihn dann bitten, uns allen in gemein zu erzählen, wie der treue Gott ihn geführt und beschützt hat, damit unsere Herzen zum Danke gegen Gott unsern Vater im Himmel gereizt werden."

Sogleich kamen die Gäste von den andern Tischen herbei und lagerten und setzten sich in Thür und Fenster, auf Bänke und Stühle, ins Gras und auf die niedrigsten Baumäste in bunten Gruppen. Während nun die Aufwärterinnen, Köchinnen und Kinder zum sich Essen niedersetzten, hob David an, seine Geschichte zum besten zu geben, wie folgt:

„Es ist nun bald sieben Jahre her, als ich abends in den Wald ging, die Kühe zu holen. Lange suchte ich vergebens. Endlich, als es schon dunkel zu werden begann, glaubte ich unsre Schelle zu hören und ging darauf zu. Je weiter ich aber darauf los ging, desto weiter schien sie zu entweichen, bis ich ohne Weg und Steg so tief in das Dickicht geraten war, daß ich nicht mehr wußte, ob ich rechts oder links, vorwärts oder rückwärts solle, und am Finden unsrer Rinder verzweifelte. Während ich mit bangem Herzen stillstand und mich auf den Heimweg besann, stürzte plötzlich von hinten ein Trupp Indianer auf mich zu, ergriff mich bei beiden Armen und riß mich mit fort. Ich setzte mich schreiend zur Wehre und stemmte die Füße gegen Steine und Baumstämme. Aber meine Räuber waren mir zu mächtig. Ich schrie zum Herrn in meinem Herzen und ergab mich vorläufig in mein Schicksal; denn der eine, welcher der Anführer zu sein schien, zuckte schon sein Messer nach mir und hätte mich sicherlich durchstochen, wenn ich nicht gefolgt wäre. Nun ging es im Geschwindschritt fort, nicht auf

Wegen und Fußsteigen, sondern durch ungebahnte, wilde Gegenden, damit ich ihnen nicht wieder abgejagt werden könne, über Stock und Stein, durch Dornen und Hecken, durch Sümpfe und Moräste, über Berge und Ströme. Nach einigen Stunden schon wurden meine Füße wund, und ich hatte sie bis auf die Flechsen und Knochen durchgegangen, daß ich meinte vor Schmerz sterben zu müssen; aber ich mußte ohne Barmherzigkeit weiter. In Büschen und Dornen wurden meine Kleider zerrissen und zerlumpt, daß sie mir endlich fast völlig vom Leibe abfielen. Nach zwei vollen Tagen der Wanderung, während welcher ich von wilden Wurzeln, etwas rohem Hirschfleisch und Wasser leben mußte, erreichten wir ein Dorf der Kriegh-Indianer, wo uns ein wildes Freudengejohl empfing. Sie feierten gerade ein großes jährliches Volksfest, man könnte es ihr Erntefest nennen. Es dauert ganze acht Tage lang und sie bringen es mit Tanzen, die Männer besonders und die Frauen auch besonders, wie auch mit Essen, Trinken und Tabakrauchen zu. In den ersten Tagen trinken sie den abgekochten Saft eines gewissen Krauts, wovon sie purgieren. Sie baden sich dann alle im Fluß und kratzen sich nachher mit den Zähnen eines gewissen Schnabelfisches, bis das Blut auf die Erde tropft. In ihrem Rathaus, welches, wie alle ihre andern Hütten, aus Holz und Lehm erbaut und ohne Fenster und daher ganz dunkel ist, wird ein großes Feuer angemacht, das sie heilig halten, und alle diejenigen von weit und breit, die sich zu diesem Feuer bekennen, haben das Recht, an allen Festlichkeiten teil zu nehmen. Ehe nicht dieses Fest mit allen Zeremonien gefeiert ist, darf keiner von den eingeheimsten Früchten des Jahres genießen. Sie wissen aber keinen andern Grund dafür anzugeben, als weil es ihre Vorfahren so gehalten hätten und sie sonst von den neuen Früchten krank würden. Ich wurde jedoch in den ersten Tagen unsrer Ankunft, so lange das Fest dauerte, sehr gut bewirtet, aber im geheimen doch sehr scharf bewacht, ob ich auch etwa zu entwischen suchen würde. Doch Flucht war unmöglich; denn ich war wohl hundert Meilen weit von der Heimat entfernt, wußte nicht, in welcher Weltgegend ich mich befand, war von der langen Wanderung zu Fuß und zu Pferde völlig erschöpft und fast am ganzen Körper wund und immerhin doch nur ein schwacher, unerfahrener Knabe mitten unter Scharen von Wilden. Welche Empfindungen in diesem Zustande mein Herz bewegten, kann ich euch mit Worten nicht beschreiben. Ich wünschte mir oft den Tod. Aber dann traten die Sprüche und Liederverse, die ich zu Hause und in der Konfirmation gelernt hatte, mir wieder ins Gedächtnis und daran richtete ich mich immer wieder auf.

Zwei lange Jahre bin ich unter diesem Volk gewesen. Ich mußte regelmäßig mit auf ihre Felder, die sie mit Mais, Bohnen, Kürbissen, Kartoffeln, Reis und Melonen bepflanzen, und oft arbeiten, bis ich nicht mehr konnte. Doch wurde ich in der letzten Zeit auch auf ihre Weise geehrt; ich mußte nämlich trotz meiner Jugend auch schon mitmachen, wenn die Männer des Morgens sich in ihrem finstern Rathaus versammelten, sich in guter Ordnung um das heilige Feuer auf den von Rohr geflochtenen Bänken und Sesseln niederließen, ihren Kossinithee tranken und von dem Besten des Volkes redeten. Dieser Thee wird von eigens dazu verordneten Leuten herbeigeschafft und von den Weibern in großen, irdenen Töpfen, die sie selbst brennen und mit Sandstein blank reiben, geröstet und gekocht, dreimal aufgefüllt und wieder gekocht und alsdann in großen Austerschalen und Kürbisflaschen im Kreise herumgereicht und getrunken. Er ist sehr gesund; doch wenn er zu stark getrunken wird, verursacht er allmählich ein Zittern in den Gliedern.

Wer ihn einmal gewohnt ist, kann ihn fast nicht lassen. Bei diesem feierlichen Theetrinken und dieser weisen Beratung des Volkswohls dürfen aber die Weiber nicht zugegen sein, ausgenommen die, an welchen die Reihe ist, aufzuwarten. Niemals aber dürfen in diesem hohen Rat die Regenmacher fehlen. Das sind sehr alte Indianer mit grauem Haar und welken Gesichtern, die bei dem Volk in dem Ansehen stehen, daß sie durch geheime Mittel und Kräfte hinlänglich Regen für das Wachstum ihrer Früchte bewirken können, denen sie dann in der Ernte gewisse Körbe voll Korn geben. Es geschieht aber auch bisweilen, daß sie diese Regenmacher töten, wenn sie zu viel Regen bekommen und ihre Früchte verlieren. Auch weissagen diese sonderbaren alten Käuze aus dem Fluge einiger Vögel Glück und Unglück, was aber ebenso oft ausbleibt als eintrifft. Kurz, ich war, nachdem ich ihre Sprache mir völlig angeeignet und an ihre Lebensweise mich einigermaßen gewöhnt hatte, auf dem besten Wege, der Liebling des ganzes Dorfes zu werden. Aber die Sehnsucht nach der Heimat, nach meinen Eltern, nach der Kirche und meinen Mitchristen wurde immer unbezwinglicher, und schier ohne zu wissen, was ich that, wagte ich es eines Abends, als sie wieder ihr jährliches Volksfest feierten und keiner im Lärm des Festes auf mich achtete, mich heimlich fortzuschleichen und in südöstlicher Richtung, in welcher ich Ebenezer vermutete, davonzulaufen. Die ganze Nacht und den folgenden Tag wanderte ich fürbaß, so schnell mich meine Füße tragen wollten, ohne Essen und Trinken. Endlich erreichte ich einen kleinen Bach. Ich legte mich platt auf das Ufer nieder und trank. Indem ich mich wieder aufrichtete, erblickte ich ein Entennest im Schilfe mit acht frischen Eiern. Mit brünstigem Dankgebet trank ich sie sämtlich aus, und also neugestärkt vom Vater im Himmel, schritt ich weiter.

Ich glaubte nun bald die Hälfte des Weges schon glücklich zurückgelegt zu haben, als ich auf eine freie Anhöhe gelangte. Hier wurde ich plötzlich vor mir im Thale mit Schrecken wieder das bunte Gewimmel eines Indianerlagers gewahr. Schnell wandte ich mich um und suchte in einem weiten Bogen das Lager zu umgehen. Allein ich war gesehen worden und in kurzer Zeit von einigen Kriegern eingeholt und ergriffen. Zwei von ihnen stellten ihre Pferde neben einander und mich dazwischen, banden meine Arme auf beiden Seiten an den Tieren fest, und nun ging es im Galopp durch die Windungen einer Schlucht nach dem Lager. Jetzt war ich vom Regen in die Traufe gekommen. Dies war eine Horde von noch viel wilderen und roheren Tschirokesen. Der Häuptling ließ mich sogleich vor sich führen, um darüber zu entscheiden, ob ich den Göttern geopfert oder zu einer elenden Knechtschaft begnadigt werden solle. Das letztere war nach kurzer Beratung mein Los. Ich wurde der Schwester des Häuptlings, einer häßlichen alten Zauberin, als Leibeigener anheimgegeben. Nun fing mein Leiden erst recht an. Mein Aufenthalt war in Hütten und Höhlen bald hier, bald da, wo die alte Wölfin auf den Streifzügen ihres Stammes gerade zu hausen pflegte, und zu jeder Stunde bei Tag und Nacht mußte ich ihrem Wink bereit stehen, wenn ich nicht gescholten und geschlagen sein wollte. Ja, im Winter, wie im Sommer, mußte ich sie mit Nahrung versorgen, wenn sie mich nicht erstechen oder verhexen sollte, wie sie es mit allen machte, die ihren Groll auf sich luden. Im Winter mußte ich Holz zur Erwärmung herbeitragen und, wenn der Erdboden offen war, allerlei Wurzeln, wilde Erdäpfel, wilden Knoblauch, weiche Rinden von Bäumen und Stauden und dergleichen sammeln, um unser Leben damit zu erhalten. War der Erdboden gefroren, so suchte ich allerlei Ungeziefer zu

erhaschen, als Ratten, Feldmäuse, Maulwürfe und andere
kleine Tiere. Das alte Weib hatte eine Tochter von etwa
zwölf Jahren mit Namen Hiladih, auf deutsch: die reine
Quelle, die sich vom ersten Tage an mich anschloß und bei mir
Trost und Beistand suchte, weil sie von ihrer Mutter oft
schändlich mißhandelt wurde. Aber in den ersten Tagen hatte
ich selber durch die wilde Grausamkeit, unter den steten Schreck=
bildern und Schatten des Todes fast meine Sinne verloren
und wußte weder Rat noch Trost zu finden. Ich konnte wenig
oder nichts denken. Ein neuer Versuch zu entkommen verun=
glückte gleichfalls und machte meine Gefangenschaft nur noch
schwerer. Ich war wie betäubt. Doch als ich auch an diese
elende Lebensart mich erst ein wenig gewöhnt und meine Sinne
wieder gesammelt hatte, fielen mir auch meine Sprüche und
Gebete wieder ein, die sich, dank meiner lieben Mutter hier,
wie ein Same in meine Seele gesenkt hatten und nun bei
diesen Stürmen unter sich wurzelten und über sich wuchsen und
meinem Herzen in der Trübsal Frieden, Ruhe und Trost gaben.
Ich habe diese meine Gebete und Sprüche während meiner
Gefangenschaft unzählige Male unter den Bäumen auf den
Knieen gebetet, so daß endlich auch Hiladih, die mich stets
begleitete, anfing, neben mir niederzuknien und mitzubeten, da
ich ihr meine deutschen Andachten zu verdolmetschen pflegte.

Ein besonders schweres Stück Arbeit war es, im tiefsten
Winter Fische zu fangen, wenn einmal den Gaumen der alten
Wahrsagerin darnach gelüstete. Ich hieb dann ein Loch ins
Eis, legte mich nieder mit dem Gesicht über dem Loch und deckte
meinen Kopf mit immergrünen Zweigen zu, um die Augen vor
dem Wiederschein der Sonne zu schützen, infolgedessen ich oft
bis auf den Grund sehen konnte. Mit der Linken hielt ich
einen Fisch an der Spitze eines Stocks als Köder hinunter.

Mit der Rechten hatte ich den Speer gefaßt, an dessen Ende mehrere Zinken von Horn so lose befestigt waren, daß sie zwar den Fisch spießten, aber, wenn die Beute zu entkommen suchte, abgingen und im Fleisch stecken blieben. Sie hingen jedoch durch eine Leine an meinem linken Handgelenk fest, so daß ich den Zappelnden, wie ich wollte, gängeln und, wenn er sich erschöpft hatte, an die Luft emporziehen konnte. So mußte ich oft halbe Tage lang auf dem Eise liegen und selber halb zu Eis werden, bevor es mir gelang, auch nur einen bescheidenen Braten zu erhaschen. Hilabih aber hielt immer treu bei mir aus und saß oft mit blauen Lippen und klappernden Zähnen daneben, geduldig harrend, bis die ersehnte Beute heraufkam; denn wehe uns, wenn wir leer zurückkehrten. Kamen wir dann kalt und hungrig zum Wigwam, zu unsrer Hütte aus Baumzweigen, Erde und Fellen, zurück, so hatte die Alte oft aus lauter Faulheit das Feuer ausgehen lassen, und ehe wir uns an unsern Fischen erquicken konnten, mußten wir erst, wenn kein anderes Wigwam in der Nähe war, auf künstliche Weise Feuer erzeugen. Wir suchten ein dürres Stück Holz, bohrten mit einem spitzen Stein eine kleine Höhlung hinein und legten es auf den Boden. Dann nahm ich einen langen Stock von einer sehr harten Holzart, der ebenfalls vollkommen trocken sein mußte, setzte die Spitze in die Höhlung, nahm den Stock zwischen meine beiden flachen Hände und begann nun, ihn so schnell als möglich rollend hin und her zu drehen. Da ich aber zu gleicher Zeit beständig niederdrücken mußte, so rutschten die Hände immer tiefer hinunter, bis ich zuletzt am Boden ankam. Dann mußte Hilabih schnell zugreifen und das Rollen fortsetzen, bis ich oben wieder angefaßt hatte. So hatte ich oft Stunden lang fortzuarbeiten, daß mir der Schweiß auf die Stirn trat, während Hilabih offenen Auges mit einem Zunderschwamm dabei stand, um die ersten Funken, sobald sie aus der immer tiefer werdenden Höhlung hervorsprühen würden, aufzufangen und in ein vorher aufgeschüttetes Häuflein dürres Laub überzuleiten.

Ob ich nun wohl unter Gottes gnädigem Schutz mein Leben wenigstens immer davonbrachte und fristete, wenngleich ich mehrmals in Todesgefahr geriet, weil die Indianer sich oft im Branntwein, den sie für Pelzwerk von den Weißen eintauschten, wütend und blutgierig tranken und ich mich dann vor ihrer Wut verstecken mußte, so fand sich doch im letzten Frühjahr eine neue Trübsal: es brach nämlich eine bittere Hungersnot herein. Denn diese Indianer legen nichts zum Vorrat auf, sondern erwarten ihren Unterhalt aus der großen Schatzkammer, die der mildreiche Schöpfer auch für diese armen Heiden aus Erbarmen füllt, indem er ihnen fast in jedem Monat des Jahrs ein neues Gericht vorsetzt. Denn das Wasser muß ihnen Fische liefern, die Erde wilde Kartoffeln, Bohnen, Wurzeln und Kräuter, die weiten Wälder Tiere und Geflügel aller Art. Aber wenn nun die eine oder andere von diesen monatlichen Vorratskammern aus Gottes weisem Rat einmal leer bleibt, so müssen sie auch den bittersten Hunger erdulden, welchen sie aber immer noch lieber ausstehen, als daß sie sich zu harter, geregelter Arbeit im Schweiße des Angesichts, wie die Weißen, bequemen, da sie die Arbeit für eines freien Mannes nicht würdig achten. Doch auch in dieser Not hat der Herr mich nicht verlassen; wie er die Vögel unter dem Himmel speist, so hat er mich versorgt.

Auf unsern Jagden nach Nahrung aber haben wir ungeheure Landstrecken durchstreift; wir waren öfter weit oben im Norden an großen Seen und dann wieder im Süden, wo es noch viel heißer ist als hier, und kamen mit vielen andern

Stämmen in Berührung, wovon nicht selten der Ausgang Blutvergießen war. Vor einigen Tagen nun gelangten wir an das Ufer eines großen Stromes. Es war, wie ich aus dem Munde meiner welken Tyrannin erfuhr, der Savannah. Bei diesem Klange stieg von neuem meine Sehnsucht nach der Heimat so mächtig in meinem Herzen auf, daß ich beschloß, bei der ersten Gelegenheit zum vierten oder fünften Male mein Leben in die Schanze zu schlagen, mich auf die Flucht zu machen und die Strömung des Flusses entlang nach Süden zu laufen, bis ich Ebenezer erreichen würde. Da kamen abends einige von unsern Leuten von Augusta zurück mit einem neuen Vorrat an Branntwein, den sie dort für Biberfelle eingehandelt hatten, und nun ging das Saufen und Toben wieder los, daß es schauerlich anzuhören war und endlich Blut floß. Die meisten waren in kurzer Zeit völlig vom Rausche übermannt und meine runzelige Teufelin wälzte sich in viehischer Trunkenheit stöhnend auf der Erde herum, worüber Hilabih sich fast das Herz ausweinte. Diese Stunde benutzte ich, schlich mich unbemerkt und eilte davon, so hurtig ich in der Dunkelheit und unbekannten Gegend konnte. Die ganze Nacht wanderte ich rastlos fort, indem ich immer den Fluß in Sicht behielt, wobei ich aber oft große Umwege um Sümpfe und tiefe Abgründe zu machen hatte. Als es Tag wurde, entdeckte ich die Savannah-Road und auf dieser konnte ich nun rascher vorwärts kommen. Zu meiner unaussprechlichen Freude erblickte ich am Nachmittag in der Ferne den Blauen Berg. Etwas wie eine Ahnung aber trieb mich, immer wieder zurückzuschauen, und mit Entsetzen sah ich jetzt plötzlich Reiter hinter mir hersprengen, die ich in ihrer Haltung sofort als Indianer erkannte. Nun lief ich auf Leben und Tod, erreichte glücklich, als ich schon das Strampfen der Rosse dicht hinter mir hörte, den Ebenezerfluß, stürzte mich

Hals über Kopf hinein und schwamm hinüber, indes die Pfeile meiner Verfolger mir um das Haupt pfiffen. Allein sie unterstanden sich doch nicht, mir auf diese Seite nachzukommen, um nicht vertragswidrig in das Gebiet der Weißen feindlich einzufallen, obwohl sie sich schon auf das Gebiet Bethaniens, das ja sechs oder sieben Meilen nordwestlich von hier liegt, gewagt hatten. Gelobt und gepriesen aber sei Gott, der allbarmherzige, der mich endlich doch wieder zu meiner Mutter, meinen Schwestern und Mitchristen wohlbehalten zurückgebracht hat!"

„Gelobt sei Gott in Ewigkeit!" stimmten die Pastoren, Davids Mutter und fast die ganze Versammlung mit ein, die mit atemloser Spannung gelauscht hatten. Die jungen Leute am Tische hatten beinahe das Essen vergessen, und Lenchen Kalcher, die David schier die Worte vom Munde wegfing, wurde nach dem Gang der Erzählung bald bleich bald rot und wischte sich mehrmals verstohlen die Augen.

Während die Gäste jetzt in kleineren Kreisen sich lebhaft zu unterhalten anfingen, sagte Marie Rahn, indem sie mit beiden Armen den Kopf ihres Bruders umschlang und heftig an ihre Brust drückte: „David! du weißt nicht, was ich dummes Ding so froh bin, daß wir dich wieder haben!"

„Laß nur meinen Kopf erst los!" stöhnte David in ihrer Umarmung; „ich kann ja kaum schnaufen!"

„Ich hätte wohl mögen bei dir sein!" fuhr sie dann fort, indem sie seinen Kopf losließ, aber sein Gesicht zwischen ihre beiden Hände nahm und in die Höhe bog und auf die spitzgepreßten Lippen einen Kuß drückte. „Hast du nicht manchmal so eine zärtliche Begegnung mit einer Riesenschlange gehabt? Oder so ein kleines Scharmützelchen mit einem Büffel? Oder einen freundschaftlichen nächtlichen Besuch von einem Bären?"

„Dergleichen Abenteuer," gab David zur Antwort, während seine Schwester es nicht lassen konnte, ihm scherzend in die braune Wange zu kneifen, „habe ich genug erlebt. Ein ander Mal, Schwesterchen, will ich dir mehr davon erzählen."

„Mir auch?" fragte Katharina Bolzius.

„Mir auch?" fragte Lenchen schüchtern.

„Ja, allen!" versprach David.

„Ach!" seufzte Pastor Bolzius, „daß sich der Herr erbarmen und Arbeiter in seine Ernte senden wolle, daß diesem armen, armen blinden Indianervolk der Weg des Heils verkündigt würde!"

„Die Ernte," nickte der alte Schulmeister gedankenvoll, „ist wahrlich groß, und der Arbeiter ist wenig, wenig!"

„Und," setzte der Pastor hinzu, „die Ewigkeit wird zu kurz sein, unserm Gott genugsam dafür zu danken, daß er uns, die wir von Natur doch um kein Haar breit besser sind als diese Heiden, das Licht seines heiligen Wortes gegeben hat!"

So fuhr die Versammlung noch lange fort, sich zu unterreden, die Herzen auszuschütten und ihren Dankgefühlen für Gottes leibliche und geistliche Wohlthaten in Worten und Gesängen Ausdruck zu geben, und es war, als könnten sie sich mit diesen Fröhlichen nicht satt freuen. Die Witwe Rahn aber konnte noch immer kaum Worte für das Entzücken ihres mütterlichen Herzens finden; Thränen und öfteres stilles Händefalten, wenn ihre Augen eine Zeit lang mit innigem Wohlgefallen auf dem wiedererlangten Sohne geruht hatten, verrieten die tiefe Freude, welche ihre Seele bewegte.

Achtes Kapitel.

Konrad Kirschner und seine Frau hatten sich auch an dem Freudenfeste bei Witwe Rahn beteiligt. Als sie abends nach Hause kamen, erwartete sie Schrecken und Jammer. Sie hatten nämlich ihren kleinen Negerknaben mit ihrer siebenjährigen Tochter allein zu Hause gelassen, weil sie nicht sehr lange fortzubleiben gedachten, und dieser hatte unterdessen bei der Unachtsamkeit seiner kleinen Wärterin dermaßen Sand und Erde, wonach er schon in den letzten Tagen mehrmals eine krankhafte Gier gezeigt hatte, gegessen, daß er bei ihrer Heimkunft vor schrecklichen Schmerzen beständig schrie und wie ein Wurm sich krümmte.

Kirschner hatte den Knaben als Säugling von Herrn Waldhauer, dessen Leibeigene seine Mutter war, gekauft, um ihn für seinen eigenen Dienst aufzuziehen. Seine Mutter war auch die Mutter Antons, des Leibeigenen Kalchers, den wir schon kennen. Diese Neger gehörten mit zu den ersten, welche als Sklaven in Ebenezer waren eingeführt worden. Zwar hatten die „Trustees" von vornherein die Bestimmung getroffen, daß, während Süd- und Nord-Carolina, sowie Virginia bereits von Negern wimmelten und im Westen und Süden spanische und französische Katholiken sich angesiedelt hatten, Georgia hingegen eine Freistatt nur für weiße Protestanten sein sollte, die im Schweiße des eigenen Angesichts ihr Brot äßen und ohne Sklaven arbeiteten. Und diese Einrichtung hatten sich die Salzburger herzlich wohl gefallen lassen, ebenso wie die andere, daß kein Rum eingeführt und verkauft werden solle. Ja, als später die Bestimmung in Betreff der Neger widerrufen worden war, hatten die Salzburger der Einführung der Sklaverei jahrelang widerstanden. Allein die Überlast der Arbeit, durch welche sie der Wildnis ihren Lebensunterhalt abringen mußten, sowie die Treulosigkeit weißer Tagelöhner und Dienstboten hatten sie doch endlich dahin vermocht, daß sie nachgaben und Sklaven bei sich einführen ließen. Pastor Bolzius war der letzte gewesen, der seine Einwilligung dazu gegeben hatte, doch nicht eher, als bis er die Sache nach allen Seiten hin mit seinen Amtsbrüdern in Deutschland brieflich überlegt.

Frau Kirschner hatte sich bis daher alle Mühe gegeben, dieses Kind christlich und ordentlich zu erziehen. Sie hatte es alsbald in die Kirche zur heiligen Taufe getragen. Dabei war auch die noch heidnische Mutter, reinlich angezogen, in der Kirche erschienen und beim Gebete mit den andern niedergekniet und hatte fleißig auf die heilige Handlung, die an ihrem Kinde vollzogen wurde, acht gehabt. Kirschner und seine Frau hatten die Stelle der Taufzeugen vertreten und sich vor Gott und der Gemeine verbindlich gemacht, auf die Erziehung dieses getauften Heidenkindleins in christlicher Erkenntnis und gottseligem Wandel alle mögliche Sorgfalt zu verwenden. Bis jetzt waren sie auch treulich ihrem Gelübde nachgekommen; aber nun schien all ihre Hoffnung mit einem Schlage aus zu sein. Denn der noch in der Nacht herbeigerufene Arzt, Herr Mayer, erklärte alsbald, daß alle menschliche Hülfe hier machtlos und verloren sei, blieb aber mit Kirschners und der Mutter des Kindes, die ebenfalls bald ankam, die ganze Nacht neben dem Lager des kleinen Dulders sitzen und that, was in seiner Kraft stand, ihm seine Schmerzen etwas zu lindern. Als endlich der Morgen anbrach und Pastor Bolzius erschien, sanken seine Kräfte bereits rasch dahin. Nachdem der Seelsorger sonderlich die Frau Kirschner, die bei dem Anblick der Qual ihres kleinen Pfleglings in Thränen gebadet war, aufgerichtet hatte, kniete er mit allen, die gegenwärtig waren, nieder und betete herzlich um die selige Auflösung des kleinen Würmleins.

Er drückte dann im Laufe des Gesprächs seine Verwunderung darüber aus, daß dieses Übel des schädlichen Essens, welches schon vor einigen Jahren einmal unter den Kindern der Ansiedelung gewütet hatte, wieder um sich zu greifen drohe, und fragte den Arzt, was eigentlich die Ursache dieser sonderbaren Erscheinung sei. Der Gefragte gestand aufrichtig, es müsse diesem unordentlichen, auf ganz unnatürliche Dinge verfallenden Appetit eine Krankheit zu Grunde liegen, die man aber noch nicht recht kenne, weshalb man auch noch keine recht wirksamen Mittel dagegen anzuwenden wisse.

Der Pastor benutzte auch diese Gelegenheit, der Negermutter, die über den nahenden Tod dieses ihres Lieblings, der keinen Vater zu nennen wußte, ganz untröstlich war, wegen ihres lüderlichen Lebens scharf ins Gewissen zu reden. Sie suchte sich aber mit hellem Verstande und fertigem Mundwerk lebhaft zu verteidigen, und wer sie so reden hörte von Gott, von Seele, von Tugend und Laster, Himmel und Hölle, und wie fein sie einen Unterschied zu machen wußte zwischen wahren Christen und Namenchristen, der hätte sie fast für eine Christin halten können. Besonders berief sie sich auf Kalcher. Der gelte doch für einen Christen, gehe zur Kirche und zum Abendmahl und halte regelmäßig Morgen- und Abendandacht in seinem Hause, und doch habe er ihren Sohn Anton so schändlich mißhandelt, daß sie es ihm niemals vergessen könne. Auch habe sie ihn schon öfter gesehen, daß er der Schnapsflasche mehr als gut war zugesprochen gehabt; ja, er habe ihr sogar Anträge gemacht, die sie mit Entrüstung habe von sich weisen müssen. Ob ein solcher Christ besser sei wie sie. Pastor Bolzius zeigte ihr mit heiligem Ernste, wie schändlich sie eben jetzt wider das achte Gebot sündige; daß sie genug vor ihrer eigenen Thür zu kehren habe; daß nicht Kalcher oder irgend ein anderer einst am jüngsten Tage für sie vor den Riß treten werde, sondern daß sie ihre eigene Haut zu Markte tragen müsse; ob sie, wenn Kalcher einst als ein Heuchler zur Hölle fahren sollte, mit ihm fahren wolle; wer sie überhaupt zum Richter über andere Leute gemacht habe. Er zeigte ihr den himmelweiten Unterschied zwischen ihrem und dem Zustande ihres Kindleins; daß sie in ihrer Unbußfertigkeit unendlich unseliger daran sei als ihr getauftes Söhnlein trotz seiner schrecklichen Schmerzen, und bat sie dringend, sie solle doch umkehren und werden wie ihr Kind, sonst werde sie nicht an den seligen Ort kommen, wohin diese ihre Leibesfrucht, die sie doch in Sünden geboren, nach ausgestandenen kurzen Leiden kommen werde; sie solle bedenken, wie schrecklich es sein müsse, wenn sie von ihrem Kindlein, daß sie doch besonders lieb habe, nicht nur jetzt in der Zeit, sondern auch in Ewigkeit geschieden und ins höllische Feuer gestoßen werde, während ihr Liebling im seligen Himmel sich freue. Er erbot sich schließlich, ihr allen christlichen Beistand zu leisten und sie mit Freuden in Gottes Wort zu unterrichten, wenn sie zu ihm kommen wolle. Die Gewalt des Wortes war ihr doch zu mächtig; sie schwieg endlich ganz still, während die Thränen über ihre dunklen Wangen strömten.

Mit dem Kleinen ging es nun schnell zu Ende. Der Pastor kniete noch einmal mit allen Anwesenden nieder und betete abermal um die gnädige Erlösung des leidenden Kindes, das in seinen Krämpfen ein Jammer vor Augen war, und um Erleuchtung und Bekehrung der heidnischen Mutter. Als sie sich dann von ihren Knieen erhoben, war der Kleine von seinen

Leiden erlöst. Jetzt aber war seine Mutter gänzlich überwältigt und gelobte unter heißen Thränen, sich zu bessern und sich unterrichten zu lassen, und bat um die Taufe. Der Pfarrer versprach ihr dieselbe, wenn er sie unterrichtet und wahre Besserung des Lebens an ihr verspürt haben würde. Da klopfte es an die Thür, und der Seelsorger wurde an ein anderes Krankenlager gerufen.

Es war die Wohnung Adam Waldhauers, wo Pastor Bolzius verlangt wurde. Sie lag etwa ein Viertelstunde von Ebenezer. Seine sehr fruchtbare Plantage grenzte nördlich an den Ebenezerfluß und östlich an den Savannah und war teilweise mit dichten Wäldern bedeckt. An diesem Montag-Morgen hatte Waldhauer, nachdem er die Pferde und Schweine gefüttert, die Kühe gemolken und mit den Seinigen das Morgenbrot verzehrt hatte, sich in die Stube allein mit Feder, Tinte und Papier an den Tisch gesetzt, um seine heutige Tagesarbeit, nämlich einen Brief an ihre Verwandten im alten Vaterlande, zu beginnen. Während seine rüstige Gattin Veronika die Betten machte, aufräumte und noch einiges Gemüse aus dem Garten einheimste, und sein jüngster Sohn, Michel, den wir schon kennen, die Pferde an den Ebenezerfluß zur Tränke ritt, schrieb er also:

Liebe Geschwister!

"Gott zum Gruße zuvor! — Wir haben Euren lieben Brief richtig erhalten und gesehen, daß Ihr noch alle wohl seid, was uns herzlich freut. Es ist nun wohl an der Zeit, daß wir auch einmal wieder etwas von uns hören lassen. Da wollten wir Euch denn zu wissen thun, daß wir, Gott sei Lob und Dank! bis dato alle noch munter und gesund sind. Unser Michel, der nun schon hübsch heranwächst, hat zwar das Fieber ein wenig gehabt, aber es geht doch nun so ziemlich wieder. Wir haben eine schöne Plantage und Haushaltung; ich wollte wünschen, daß Ihr alle hier wäret. Ich habe Pferde (Michel reitet sie eben zur Tränke), Kühe und anderes Vieh und Geflügel. Ich habe ein Wohnhaus und ein Kornhaus und auch eine Steinmühle; ich kann in einem halben Tage so viel mahlen, daß ich vor mich und die Meinigen eine ganze Woche zu essen habe. Wenn ich diesen Winter mein Korn verkaufe, so kann ich mich frei stellen, daß ich keinem Menschen keinen Pfennig schuldig bleibe. Unsere beiden ältesten Söhne, der Heinrich und der Karl, haben recht viel Geld verdient und haben nicht einen Schilling vor sich behalten, sondern alles an die Haushaltung gewendet. Denn unsre Negerin Elsbeth (wir nennen sie oft nur die freche Liese, weil sie ein Maul vor dem Kopf hat, das so frech ist, als es dick ist) kann, wenn sie grade das Gute hat, für zwei arbeiten, und ich bin darum meistens mit ihr allein auf dem Lande fertig geworden, so daß die Jungens auf dem Wasser und in Booten ums Geld arbeiten konnten. Wir haben es uns sauer werden lassen. Es ist auch alles sehr teuer, was man kaufen muß; doch ist das das Beste, man hat sonst keine Ausgaben, als was man in der Haushaltung braucht; es kommt mir das ganze Jahr kein Presser vor die Thür und so mehr. Ich muß des Jahres sechs Tage an der Landstraße arbeiten, das ist der Frondienst; sonst steht uns alles frei und darf danach ein jeder thun, was er will, wenn er nur übrigens bei allem Gott vor Augen und im Herzen hat und acht giebt, nicht in die Sünde zu willigen, noch gegen Gottes Gebote zu thun. Der sechste Vers aus dem schönen Gesang: „Sollt' ich meinen Gott" u. s. w.:

>Himmel, Erd' und ihre Heere
>Hat er mir zum Dienst bestellt.
>Wo ich nur mein Aug' hinkehre,
>Find' ich, was mich nährt und hält.
>Tiere, Kräuter und Getreide
>In den Gründen, in der Höh',
>In den Büschen, in der See,
>Überall ist meine Weide.

Alles Ding währt seine Zeit:
Gottes Lieb' in Ewigkeit!

dieser Vers hat bei uns die rechte Wahrheit; denn es darf ein jeder jagen, schießen und fischen. Es nähren sich gar viele mit Wildpret schießen; sie reiten des Morgens aus und können manchen Tag fünf bis sechs Hirsche schießen; sie ziehen die Haut ab und lassen das Fleisch mehrenteils liegen. Meine Hunde kriegen mehr Fleisch, als manche ganze Familie in Deutschland hat. Wenn landreisende Leute zu mir kommen, so essen sie mit, was wir haben; denn wir haben fast alle Mahlzeiten Fleisch zum Gemüse. Oder wenn jemand unter Tags kommt, so giebt man Butter, Brot und Milch, absonderlich im Sommer. Wir haben lauter schneeweißes Brot. Es kommt mir schier vor bei uns, als wie zu Zeiten Abrahä im ersten Buch Mose am achtzehnten Kapitel in dem sechsten und folgenden Versen. Wenn wir gern Fische essen wollen, so schicke ich meinen Michel an die beiden sogenannten Never, welche an meinem Land vorbeifließen, da kann er in einer Stunde gute Fische fangen mit Angeln, daß wir manchmal zweimal zu essen haben. Im Herbst giebt es indianische Hühner und Enten genug; meine Söhne haben schon viele geschossen, und dies gehört dem Armen sowohl als dem Reichen. Es fällt mir bei das Denksprüchlein, das Herr Lemble in einer Dankpredigt angeführt: „Gott giebt uns allerlei und reichlich zu genießen; kommt, laßt uns seine Hand vor solche Gnade küssen!" Wer arbeiten will, der kann sich reichlich nähren; aber Faulenzer braucht man freilich nicht in diesem Lande. Man darf doch nicht so hart arbeiten als in Deutschland; ich habe noch keine Stunde bei Nacht gearbeitet. Ich arbeite im Sommer des Morgens bis zehn Uhr; dann geht man ins Haus und bleibt drinnen bis zwei Uhr, bis die größte Hitze vorbei ist. Auch haben es die Weibsbilder viel besser; sie kommen das ganze Jahr in keinen Regen, sondern führen die Haushaltung im Haus, als: kochen, waschen, nähen, stricken und was meine Veronika im Würzgarten pflanzt. Die Kühe brauchen gar keine Mühe; man holt sie im Frühling und macht den Kälbern eine eigene Weide, dann kommen die Kühe des Morgens und des Abends, da läßt man die Kälber ein wenig trinken und milkt die Kühe und läßt sie dann wieder auf die Weide gehen. Ich —

Hier wurde Waldhauer im Schreiben plötzlich unterbrochen. Sein Sohn Michel stürzte herein und schrie unter strömenden Thränen: „Sie hat mich gebissen! Sie hat mich gebissen!"

„Junge!" rief der Vater, erschrocken aufspringend; „was ist dir? Wer hat dich gebissen?"

„Die Schlange! die Klapperschlange!"

Der Vater schrie sogleich nach der Mutter und den andern beiden Söhnen, die auf dem Hofe mit dem Flicken eines zerbrochenen Pflugsterzes beschäftigt waren, und, während der eine zum Arzt, der andere zum Pfarrer lief, unterband er das Bein Michels, das schon stark anschwoll, oberhalb der Wunde zweimal. Sobann nahm er eine sogenannte Schlangenwurzel, die in dieser Gegend reichlich wuchs und wovon die meisten Salzburger wegen der häufigen Schlangenbisse beständig etwas im Hause hielten, kaute ein Stück davon und preßte es auf die Wunde; ein anderes Stück mußte Michel kauen und den Saft davon verschlucken. Diese Wurzel ist von einer lichtgelben Farbe; die Blätter gleichen ziemlich dem grünen Thee, und der Stengel wird von sechs bis zwölf Fuß hoch. An seinem Gipfel wachsen weiße Blumen, welche, so lange sie in der Knospe sind, fast aussehen wie die Klappern der Schlange.

Nach einer halben Stunde empfand er etwas Erleichterung und die Schwulst nahm ein wenig wieder ab.

„O mein Sohn, mein Sohn!" jammerte die bestürzte Mutter; „wie ist das geschehen?"

„Als ich," gab Michel, der nun zu Bett gebracht war und gefaßter wurde, zur Antwort, „am Fluß vom Pferde sprang, kam ich mit einem Fuß grade auf eine Klapperschlange, die ich nicht gesehen hatte. Sogleich hatte sie sich zweimal um meinen Fuß gewickelt und, ehe ich sie wieder abschleudern konnte, mich gebissen. Ich stieg dann hurtig wieder auf das Pferd und jagte zurück. Zuerst wollte ich mein Messer nehmen und wie die Indianer die Wunde größer schneiden, damit das Blut herauslaufen könnte, und dann hier eine glühende Kohle daran halten; aber mir war bange, daß ich dann gar nicht nach Hause kommen würde."

Nun langte auch der Arzt an, und nachdem er die Wunde untersucht hatte, mußte er auch hier zu seiner großen Betrübnis bekennen, daß der Herr das Leben ihres Michel bereits aus dem Bereich seiner Kunst entrückt habe. Darüber verfiel die Mutter, die schon gute Hoffnung wieder hegte, in krampfhaftes Weinen. Der Vater aber saß am Bett und murmelte immer wieder mit gefalteten Händen: „Lieber Heiland! Es ist dir nichts unmöglich, nichts, gar nichts! Auch nicht, das Gift aus den Adern unsers Michel wieder herauszuschaffen!"

Als dann Pastor Bolzius ankam, hatte er lange Zeit seine liebe Not, ehe bei Frau Waldhauer die Tröstungen des Wortes Gottes haften wollten. Nachdem er darauf mit allen Anwesenden knieend gebetet, sprach er zu dem Kranken: „Mein lieber Sohn Michel! du wirst nun wohl bald sterben. Willst du auch gern sterben?"

„Ja, ich will gern sterben!" war die Antwort.

„Du liebes Kind," fuhr jener fort, „du willst gern sterben? Weißt du denn nicht, daß du ein böses Kind gewesen bist? Und solche kommen an keinen guten Ort."

„Ach," bekannte der Knabe, „ich weiß wohl, daß ich ein böses Kind gewesen bin. Ich bin dem Heiland und meinen lieben Eltern oft so ungehorsam gewesen."

„Wie willst du es denn machen," fragte sein Seelsorger weiter, „daß du nicht in die Hölle kommst?"

„Ich will," erwiderte der Kleine mit emporgerichteten feuchten Augen, „meinen lieben Heiland bitten, daß er mich zu Gnaden annehme." Dann betete er:

> „O wie freu' ich mich,
> Daß ich kenne dich,
> Der du bist mein Heil und Leben,
> Der du dich für mich gegeben,
> Der du liebest mich;
> So erkenn' ich dich!"

Hierauf sank er in einen kleinen Schlummer. Nachdem alle eine geraume Zeit geschwiegen und den unruhig Schlummernden beobachtet hatten, sagte Doktor Mayer leise zu den Andern: „Es ist doch erstaunlich, wie tödlich das Gift einer Klapperschlange ist, wie es gleich, als wäre es Feuer, durch alle Glieder geht und alles Blut verdirbt, wo nicht augenblicklich Hülfe geschafft wird. Aber diese Schlange soll von dem Blute des Menschen, den sie gebissen, auch bald krepieren, ja der Speichel des Menschen sogar soll ihr Tod sein. Man hat die Probe mit einem langen dünnen Stecken gemacht. Man hat das eine Ende desselben gekaut und mit Speichel benetzt, es dann der Schlange zum Munde gehalten und sie wiederholt daran beißen lassen. Bald nachher ist sie krepiert. Die Hirsche fechten mit ihnen und zerstoßen sie mit Füßen und Hörnern. Auch haben sie an der schwarzen Schlange, die gleichfalls sehr dick und lang wird, aber nicht giftig ist, einen Todfeind. Und manche Leute schneiden der Klapperschlange den Kopf ab und braten und essen dann ihr Fleisch, welches schneeweiß ist und den Geschmack des besten Kalbfleisches haben soll. Sie muß aber getötet sein, ehe sie zornig gemacht ist, oder ihren Biß angebracht hat."

Soeben fuhr der Kranke erschreckt aus seinem kurzen Schlummer auf; als er aber sah, wo er war, sank er beruhigt wieder zurück. Pastor Bolzius, im Begriff heim zu gehen, betete noch einmal für ihn und gab ihm den Segen des Herrn, worauf der Kranke ein herzliches Amen hinzusetzte. Sein Seelsorger fragte ihn dann noch im Weggehen: „Meinst du, mein Sohn, daß du mich noch einmal wiedersehen wirst?"

„Ja," erwiderte er tief bewegt, „entweder hier, oder dort oben."

Jetzt aber begann die Wunde plötzlich wieder rasch anzuschwellen, und die Geschwulst verbreitete sich unter zunehmenden Schmerzen über den ganzen Körper. So stark schwoll das verwundete Bein an, daß die Haut an mehreren Stellen platzte und das Fleisch, das eine schwärzliche Farbe annahm, bloß lag. Alles, was der Arzt thun konnte, war Mittel anzuwenden, um die furchtbaren Schmerzen, von denen der arme Knabe gequält wurde, zu übertäuben, bis er nach zwei Stunden des Jammers seinen Geist in die Hände seines Schöpfers zurückgab.

Neuntes Kapitel.

„David!" sagte Marie Rahn einige Tage nachher, als sie etwas früher in ihrer Spinnerei Feierabend gemacht hatte und nun mit ihrem Bruder im Garten ihrer Mutter geschäftig war, um noch vor Dunkelwerden ein Stück Kartoffeln auszugraben, „David! du hast mir am letzten Sonntag versprochen, mir noch einige Abenteuer zu erzählen, die du bei deinen Wande=

rungen im Lande der Wilden, der Büffel und der Hexen erlebt haſt. Erzähle doch, du brauchſt ja den Mund nicht zum Kar= toffelgraben!"

„Wovon willſt du denn hören?"

„Von den Büffeln zuerſt."

„Von den Büffeln alſo. Wie die Tiere ausſehen, haſt du ja wohl von dem Lehrer in der Schule gehört. Sie leben in großen Herden zuſammen und wandern von einem Ort zum an= dern, wo ſie die beſte Weide finden, im Sommer weiter nach Norden, im Winter weiter nach Süden. Da bedecken ſie manchmal zu Hunderten und Tauſenden die Ebenen. Dieſe graſen, jene liegen und käuen wieder, hier balgen ſie ſich mit lautem Gebrüll, dort reißen ſie mit Hörnern und Hufen die Erde auf und ſchleudern die Schollen über ihren Rücken empor. Dann legt auch wohl die ganze Herde plötzlich den Schweif auf den Rücken und ſtürmt davon, daß die Erde bebt und die Luft weit vom Getöſe zittert. Kommen ſie an einen mäßigen Fluß, ſo gehen ſie in hellen Haufen das Ufer hinunter und ſchwimmen hinüber. Iſt das Ufer ſteil, ſo wird es bald durch die vielen ſchweren Hufer abgeplattet und ſchräg, indem die Kühnſten durch ihren eigenen Mut und den Druck ihrer Brüder von hinten vorangedrängt werden. Sind Kälber darunter, ſo bleiben ihre Mütter bei ihnen am Ufer und ſuchen ſie auf alle Weiſe zu ermutigen, dem Beiſpiel der andern nach ins Waſſer zu gehen. Wenn die Schwimmenden an das andere Ufer kom= men, geraten ſie nicht ſelten in Moräſte und Triebſand. Dann klettern ſie in wilder Haſt ein über das andere hinüber, und von den ſchwächeren und jüngeren gehen oft Hunderte elendig= lich zu Grunde. Ein ſchrecklicher Anblick! Noch ſchlimmer iſt es, wenn die Ströme ſchon mit Eis bedeckt ſind. Die Herde kann über die Stärke des Eiſes nicht urteilen, ſondern folgt in

blindem Vertrauen ihren Führern. Diese treten zuerst zögernd
auf den Rand des Eises und wenn es nicht bricht oder kracht,
so halten sie es für stark genug und gehen vorwärts. Es mag
oft stark genug sein, einen oder auch mehrere zu tragen, aber
nicht das Gewicht von Hunderten. Nichtsdestoweniger folgt
die ganze Herde ohne weiteres oft bis in die Mitte des
Stromes. Da kracht es. Die Vordersten bleiben erschreckt
stehen; aber andere drängen nach, und immer mehr kommen
herauf. Es kracht wieder, in immer größerem Umkreis, immer
stärker, bis plötzlich mit schauerlichem Getöse die ganze Herde
in die Tiefe sinkt. Dann entsteht ein haarsträubendes Schau=
spiel. Die armen Tiere schnauben, klettern, arbeiten und käm=
pfen mit äußerster Anstrengung, um auf die Eisschollen wieder
hinauf zu kommen, oder sich durch die treibenden Bruchstücke
und ihre untersinkenden Kameraden nach dem rettenden Ufer
hindurch zu drängen, während alle in Todesangst kläglich
brüllen. Einige der Stärksten erreichen das Ufer, aber massen=
weise verschlingt die kalte Flut die andern, oder reißt sie fort
unter die ungebrochene Eisdecke."

„Die armen Tiere!" stieß Marie hervor, die vor Auf=
merksamkeit einen Augenblick ihre Arbeit vergessen hatte.

„Einmal," fuhr David fort, „da wir auf unsern Streife=
reien weit südlich von hier lagerten, war ich mit Hiladih am
Ufer eines großen Flusses und suchte Alligatoreier. Diese
brauchte nämlich meine welke Quälerin zu ihren Zaubereien,
und ich mußte sie immer damit versorgen, oder dafür leiden.
Der Alligator wird manchmal fünfzehn und sogar zwanzig Fuß
lang. Auf dem Lande kriecht er nur langsam, im Wasser aber
bewegt er sich mit großer Geschwindigkeit. Sein Leib, der in
einen langen, mächtigen Schweif ausläuft, ist mit Hornschup=
pen bedeckt, die einen kugelfesten Panzer bilden. Nur am

Kopf und den Schultern kann das Blei sein Fell durchbringen. Sein Rachen ist entsetzlich groß und enthüllt, wenn er sich aufreißt, zwei schreckliche Reihen von Zähnen. Für gewöhnlich ist er ziemlich harmlos; bald sonnt er sich auf den sandigen Ufern, bald kriecht er faul durch das Schilf der Moräste. Aber zu gewissen Jahreszeiten, oder wenn er hungrig oder gereizt ist, kann er sehr eklig werden. Die Mutter macht ihr Nest an den Ufern, am liebsten, wo es sumpfig ist, aus Kot und Gras, drei und vier Fuß im Durchmesser. Eine große Menge Eier legt sie hinein. Die erste Lage von Eiern bedeckt sie wieder mit Kot und Schleim; dann kommt wieder eine Lage von Eiern und noch einmal Kot und abermal Eier und so fort, bis das Gebäude von Eiern und Kot manchmal vier und fünf Fuß hoch ist. Dann läßt sie die Eier von der Sonnenwärme ausbrüten, bleibt aber die meiste Zeit in der Nähe liegen, um ihr Nest zu bewachen, da verschiedene Raubvögel und andere Tiere einen unersättlichen Hunger nach ihren Eiern haben.

Bei einem solchen Nest saßen ich und Hilabih einmal und kratzten in größter Hast die Eier heraus, während Frau Alligator eben ausgegangen war, sich eine Mahlzeit zu suchen. Indes ich emsig arbeitete, den hartgetrockneten Lehm, aus welchem ihr Pallast bestand, auseinander zu brechen und die Eier behutsam loszulösen, mußte Hilabih auf der Wacht stehen, damit wir nicht von der wütenden Mutter über unserm freylen Raube ertappt würden. Ich hatte aber noch lange nicht die Hälfte der Eier, deren in einem Neste oft zweihundert sind, heraus, als Hilabih plötzlich einen Schrei ausstieß: in kurzer Entfernung von uns zeigte sich die hornhäutige Eigentümerin des Nestes, die in rasender Schnelligkeit mit offenem Rachen auf uns zuschoß. Wir ergriffen unsere Eier und sprangen entsetzt das Ufer hinan. Wir waren aber noch keine hundert Schritte weit gekommen, als ein mächtiges Gestrampf, wovon die Erde unter unsern Füßen zitterte, hinter dem Waldstreifen, der vor uns rauschte, herandonnerte. „Eine Büffelherde!" stieß ich heraus. „Sie kommen hierher!" war meine nächste Beobachtung. „Was fangen wir an!" weinte Hilabih und ließ ihre Eier zur Erde fallen. Meine Augen fielen auf einen riesigen Baumstamm, der faulend am Boden lag. Dahin riß ich Hilabih. Er war, wie ich erwartet hatte, hohl, wenn auch nur eine Mannslänge. Hilabih mußte hineinkriechen, so weit sie konnte, die Füße voran. Ich klomm auf einen daneben stehenden Baum, ein Eichhörnchen kann nicht hurtiger hinauffliegen. Ich war eben hoch genug gekommen, um außer dem Bereich von Büffelhörnern zu sein, da kam die ganze Rotte — ich zählte nachher hundert und dreiundvierzig — mit wildem Gebrüll durch die Bäume und Büsche dahergerast bis ans Wasser, um zu saufen. Als sie ihren Durst gelöscht, fingen einige an, sich gegenseitig zu lecken oder sich zu balgen, andere wühlten den Sand auf oder rieben sich an den Bäumen. Auch an meinem jungen Baum scheuerte einer sein juckendes Fell, daß ich mich an einem Ast anklammern mußte, um nicht herunter zu fallen. Plötzlich kam einer, dessen Rüssel von Schleim und Blut bedeckt war, greulich brüllend vom Ufer in gewaltigen Sätzen dahergesprungen und rannte kopflos in den Wald. Im nächsten Augenblick lagen drei oder vier andere an der Stelle, woher dieser gekommen war, mit der Sie-Alligator im Kampfe, und ihre Brüder sammelten sich zahlreich um sie als ein bunter, gehörnter, breitgesichtiger Zuschauerkreis, der lebhaft Beifall brüllte. Aber viele Hunde sind des Hasen Tod. Die wilden Ochsen setzten der faulen Kotbewohnerin von allen Seiten zu und wälzten sie so unsanft mit ihren Hörnern umher, daß sie zuletzt froh war, als ihre bummen Feinde sie vom Ufer hinab

ins Waſſer gerollt hatten, wo ſie ihr nicht mehr nachfolgen
konnten. Bei dieſer Schlacht war das Neſt mit allen noch
übrigen Eiern in Staub zertreten worden. Zwei Stunden
wenigſtens dauerte es, bis der letzte Büffel ſich wieder davon
getrollt hatte und wir aus unſerer Todesangſt erlöſt waren."

Eben wollte Marie ihrer lebhaften Verwunderung durch
Worte Luft machen, da fiel ihr Blick auf eine nahende Geſtalt
in einiger Entfernung von ihnen, und ihre Worte erſtarben auf
ihren Lippen.

David ſchaute ſie fragend an und folgte ihren Blicken.
"Wahrhaftig!" rief er, "da iſt ſie!"

"Wer?" flüſterte Marie.

"Hilabih!" ſagte David; "mit Fritz Steiner."

Es war in der That dieſe junge Indianerin, die in Be=
gleitung des Genannten eiligen Fußes daherkam. Auch ſie
hatte jetzt David erkannt und kam, ehe noch Marie von ihrem
Schrecken und David von ſeinem Erſtaunen ſich erholt hatten,
auf ſie zugeſprungen und fiel mit ſtrömenden Thränen David
um den Hals, ohne vor Schluchzen ein Wort hervorbringen zu
können.

"David", fragte Steiner herankommend, "kennſt du dieſe?
Als ich vorhin gemählich aus dem Walde daherſchlenderte, kam
ſie hinter mir drein gelaufen und holte mich ein. Von allem,
was ſie ſagte, verſtand ich nur die Wörter: "Ebenezer" und
"David" und "Hilabih," und aus ihren Gebärden ſchloß ich,
daß ſie dich ſuche und mit mir gehen wolle. Ich ließ ſie ge=
währen, und ſo ſind wir hier."

"Ja, ich kenne ſie," erwiderte David, indem er ſich ſanft
aus Hilabihs Armen loswand; "es iſt meine Freundin Hila=
bih, mit der ich ſo manches Leid gemeinſam getragen habe."

"O David!" ſtöhnte jetzt die Indianerin, als wollte ihr

das Herz brechen, und sagte dann mit leisem Vorwurf in ihrer Sprache, die nur David verstand: „Warum hast du Hilabih nicht mitgenommen?"

David wurde ein wenig verlegen und wußte nicht, was er antworten sollte.

„Als du," fuhr jene fort, „entflohen warst, wurde meine Mutter arg bös auf mich. Sie warf mir vor, ich stecke mit dir gegen sie unter einer Decke; ich habe dir zur Flucht verholfen, dir in der Gegend Bescheid gegeben und dir Waffen zugesteckt. Das ist doch alles nicht wahr, ist es? Sie drohte mir öfter mit dem Tode. Vorgestern war ihr etwas nicht nach ihrem Kopfe gegangen, und da brach über Hilabah die ganze Glut ihres Zornes aus. Sie ergriff endlich einen Tomahawk und stürzte auf mich zu, um mich mit dem geschwungenen Beile niederzuschlagen. Ich lief in Entsetzen davon und lief und lief, bis ich meine Sinne verlor und bewußtlos niederfiel. Wie lange ich gelegen habe, weiß ich nicht. Dann wanderte ich fort und wanderte, bis ich an den Savannah kam, und da ich wußte, daß Ebenezer an diesem Flusse lag, wie du mir ja gesagt hattest, so beschloß ich, dich zu suchen und bei dir zu bleiben, oder zu sterben. Da bin ich nun. Willst du die arme Hilabih nicht bei dir behalten, so töte sie!" Damit warf sie sich nieder und legte ihren Kopf vor seine Füße.

In heftiger Erregung richtete David sie vom Boden auf und sagte mit fester Entschlossenheit: „Du bleibst bei mir!"

Mit stummer Verwunderung schauten Marie und Steiner zu, ohne zu verstehen, was das alles zu bedeuten habe. David gab ihnen Aufschluß.

Da sprang Marie hinzu, umarmte Hilabih und rief: „Du bist meine Schwester!" und drückte nassen Auges ihr einen warmen Kuß auf die Lippen.

Als David dies seiner roten Freundin wieder verdolmetscht hatte, brach sie in eine Flut von Freudenthränen aus und umhalste bald David, bald Marie, bald Steiner in stummem Entzücken.

David und Marie führten sie ins Haus zu ihrer Mutter. Diese hatte anfänglich keine sonderlich große Lust, eine Indianerin an Tochterstelle anzunehmen, weil jeder Gedanke an Indianer und noch viel mehr ihr Anblick die Leiden ihres geliebten Sohnes unter denselben ihr ins Gedächtnis zurückrief. Doch bald hatte sie diese Gefühle ihres mütterlichen Herzens als unchristlich erkannt und überwunden und nahm die Tochter des Waldes mit offenen Armen als Glied ihrer Familie auf. Sie wurde nun sogleich, da sie zwei Tage gehungert hatte und sehr erschöpft war, mit Essen und Trinken versorgt. Dann nahm Marie sie mit sich in ihre Kammer, wusch sie von Kopf bis zu Fuß und zog dem Kinde der Wildnis für die Tierfelle, womit sie notdürftig bedeckt gewesen war, von ihren Kleidern so viel an, daß man sie, abgesehen von der Hautfarbe, für eine deutsche Salzburgerin hätte halten können.

Aber schon am andern Morgen fühlte sich Hilabih sehr elend. Die Todesangst, Aufregung und Anstrengung der letzten Tage führten ein hitziges Fieber herbei, welches sie drei Wochen lang aufs Krankenlager niederwarf. In dieser ihrer Krankheit strahlten immer ihre großen schwarzen Augen vor Freude, wenn David sich am Feierabend an ihr Bett setzte und sich mit ihr unterhielt, und in ihren Fieberträumen hatte sie beständig mit ihm zu thun. Marie aber, zu welche Hilabih schnell eine innige Liebe faßte, war ihre unermüdliche Pflegerin. Am zweiten Tage der Krankheit hörte auf einmal Marie, während sie still, mit Nähen beschäftigt, neben dem Lager der Kranken saß, wie diese auf deutsch, wiewohl mit fremder Aus=

sprache, leise vor sich hin betete: „Christe, du Lamm Gottes, der du trägst die Sünde der Welt, erbarm dich mein!" Voll freudiger Überraschung schlich sich Marie hinaus und erzählte es David und ihrer Mutter, die grade zu Tische saßen.

Erstaunt und froh schaute Witwe Rahn auf ihren Sohn und sagte: „Diese Seele hast doch du ihrem Heiland zugeführt! Nun wissen wir, warum Gott dich hat unter die Wilden geraten lassen."

David jedoch erwiderte nichts. Er war ernst geworden und in tiefe Gedanken versunken. Nach einer kleinen Weile murmelte er, wie abwesend, vor sich hin: „Ach, daß der Herr sich erbarmen und Arbeiter in seine Ernte senden wolle, daß diesem armen, armen blinden Indianervolk der Weg des Heils verkündigt würde!" Diese Worte des Pastor Bolzius, welche er an jenem Sonntag-Abend nach Schluß der Erzählung Davids gesprochen hatte, waren, wie es schien, dem jungen Manne tief in die Seele gesunken.

Seine Mutter, die sich derselben auch noch wohl erinnerte, erbleichte, sagte aber nichts.

Als die Pastoren von der Ankunft Hilabihs hörten, erfüllte es sie mit inniger Freude. Sie besuchten abwechselnd das arme Heidenkind in seiner Krankheit und richteten es mit dem Troste des Wortes Gottes auf, indem sie ihm in der einfältigsten Weise von dem Heiland der Sünder erzählten, wobei David stets den Dolmetscher machen mußte. Einmal sagte sie zu Pastor Bolzius mit einem dankbaren Blick auf David, sie habe David im Walde so oft das Lamm Gottes anbeten hören, und dieses Lamm wolle sie auch anbeten. Ja, nach einiger Zeit, als die Seelsorger öfter mit ihr geredet hatten, erklärte sie es mit bittenden Mienen für ihren herzlichen Wunsch, deutsch zu lernen, um dann sich von ihnen in der Geschichte von dem Heiland belehren und auf seinen Namen taufen zu lassen. Es wurde ihr mit Freuden die Gewährung dieses Begehrens zugesagt. Unter der liebreichen Pflege Mariens und ihrer Mutter nahm sie, nachdem das Fieber abgelassen, rasch wieder zu.

Als sie völlig wieder hergestellt war, begann ihr Unterricht, zunächst in der deutschen Sprache bei David und den andern Hausgenossen, um sie in Stand zu setzen, später bei Pastor Bolzius einen regelmäßigen Katechismusunterricht genießen. Indessen ging sie der Witwe Rahn, die sie Mutter nannte, in allen Arbeiten sehr gelehrig zur Hand, so daß diese ein herzliches Wohlgefallen an ihr hatte. Für Marie war sie sehr bald eine unzertrennliche Freundin.

Ende des ersten Buches.

Ebenezer.

Zweites Buch.

Erstes Kapitel.

Ungefähr anderthalb Jahre waren seit den zuletzt erzählten Begebenheiten wieder verflossen, als eines Abends der Wilde Jochem neben seinem Onkel Diesburg auf der hölzernen Bank vor ihrer Wohnung saß. Er war jetzt ein Ehemann; Pauline Steiner war seine Gattin geworden. Eine große Veränderung war mit ihm vorgegangen. Während vorher eine leichtsinnige Lebenslust aus ihm sprudelte, lagerte jetzt ein tiefer Ernst auf seinem Angesichte. Finster brütend saß er da und stierte schweigsam auf eine Stelle, während es von Zeit zu Zeit schmerzlich um seine Mundwinkel zuckte. Er hatte mit seiner jungen Gattin Pauline am letzten Sonntag öffentliche Kirchenbuße gethan. Denn wie die Geburt ihres Söhnleins, dessen Weinen eben durch die halb offene Thür an sein Ohr drang, auswies, hatten sie ihren Ehestand unordentlich angefangen und damit der Gemeine ein Ärgernis gegeben, und die Welt, die sich jetzt auch in Ebenezer schon einzufinden begann, lästern gemacht. Es war dies jedoch das erste derartige Vorkommnis in Ebenezer. Jochem sowohl als seine Frau waren nach begangener Sünde tief zerschlagen; aber einer öffentlichen Kirchenbuße hatten sie sich doch beide, sonderlich Jochem, anfangs widersetzt. Als jedoch Pastor Bolzius ihnen das große Ärgernis, das sie gegeben, vorgehalten hatte und wie nötig es sei, daß dasselbe zu ihrem eigenen Heil, zur Warnung der Glieder der Gemeine, zur Gewissensprüfung heimlicher Sünder unter ihr und zur Widerlegung ihrer Lästerer und Verleumder auf christliche Weise abgethan würde, waren ihre Herzen durch Gottes Wort überwunden gewesen und sie hatten ihn mit Thränen gebeten, in ihrem Namen am nächsten Sonntag die ganze Gemeinde öffentlich um Vergebung zu bitten. Die ganze Gemeine hatte dann auch durch einmütiges Aufstehen bezeugt, daß sie vergebe und mit den heilsam beschämten Personen völlig ausgesöhnt sei.

Vater Diesburg war heute Abend ungewöhnlich feierlich. „Ach!" sagte er nach einer Weile; „heute, den 19. März 1754, bin ich bereits siebzig Jahre alt. Ach, wie lange, Herr, wie lange muß ich auf dieser armen, von der Sünde so verderbten Erde mit diesem elenden Leibe, der um deines Namens willen zum Krüppel geworden ist, mich herumplagen! Ich bin müde, spanne mich aus!"

Jochem war bei diesen Worten aufmerksam geworden und sah den Alten von der Seite an.

„Für eins aber," fuhr dieser nach einer Pause zu seinem Neffen gewendet fort, „danke ich meinem Gott bis ins Grab und in Ewigkeit, daß er mein Gebet erhört und es mich hat erleben lassen, daß du zur Erkenntnis deines tollen, leichtfertigen Lebens und zur Buße gekommen bist. Er erhalte dich in seiner Gnade und gebe, daß du standhaft bleibest samt deinem Weibe. Er hat euch erst tief fallen lassen müssen, ehe ihr aus eurem Sündenschlafe aufgewacht seid."

Jochem schwieg in Schamröte still. Nun trat auch Pauline, da der Kleine in der Wiege eingeschlafen war, mit dem Strickzeug in der Hand heraus und setzte sich neben der Thür, um hören zu können, wenn ihr Liebling wieder aufwachen sollte, zu ihnen.

„Was," seufzte dann der Greis, „wird aus der jungen, heranwachsenden Welt noch werden, wenn erst wir Alten, die Gott in so scharfer Beize mürbe gemacht hat, alle dahin sind! Die Sorge, Wollust und Reichtum dieser Welt wird, wenn Gott nicht seine väterliche Zuchtrute schwingt, den Samen des Wortes Gottes in den allermeisten, fürchte ich, völlig wieder ersticken."

„Onkel!" sagte Jochem gedemütigt, „erzähle uns einmal ausführlich, uns zur Erinnerung und Warnung, wie Gott euch geführt und in dieses Land gebracht hat, und wie es dir dabei ergangen ist!"

„Das ist eine lange Geschichte," sagte der Onkel, „doch ich will mich kurz fassen, und wenn wir heute, bis die Nacht hereinsinkt, nicht fertig werden, so können wir ja morgen Abend, wenn uns Gott noch einen Tag erleben läßt, fortfahren. Hört zu!

Das Erzbistum Salzburg liegt im bayrischen Kreis und hat zu Nachbarn gegen Morgen Österreich und Steiermark, gegen Mittag Kärnthen und Tyrol, gegen Abend und Mitternacht Oberbayern. Obwohl voller Gebirge, sonderlich im Süden, wo die Alpen beginnen, ist es doch ein fruchtbares Land und wegen seiner Salzgruben, Metallbergwerke und Marmorbrüche berühmt. Es wird von der Salza, welche in den Alpen entspringt, sich bei Braunau mit der Inn vereinigt und bei Passau in die Donau fällt, zuerst in östlicher, dann in nordwestlicher Richtung durchströmt. Die Hauptstadt des Lan=

des ist Salzburg, an der Salza gelegen, woher sie auch den Namen hat. Das Schloß, welches auf dem linken Ufer des Flusses den hohen Gipfel eines steilen Berges krönt, heißt Hohen-Salzburg und ist eine so starke Feste, daß es von vielen für unüberwindlich gehalten wird. Am Fuße des Berges ragt der prächtige Palast des Erzbischofs empor, und im Hofe desselben arbeitet ein Wasserwerk, dessen Ströme mehr als eine deutsche Meile weit hereingeleitet werden. Der Dom des heiligen Rupprecht ist aus lauter Quadersteinen aufgeführt, ganz mit Kupfer bedeckt und innen mit vier Orgeln und überaus vielen Kostbarkeiten ausgestattet. Die Universität, auf welcher auch ich ein Jahr studiert habe, wurde im Jahre 1623 gestiftet. Ihre Professoren sind Benediktiner.

Bald nach der gesegneten Reformation nun drang auch in diesem Lande das Evangelium ein. Schon im Jahre 1520 wagte es einer, dessen Namen ich nie erfahren konnte, den lutherischen Glauben hier zu predigen. Man nahm ihn aber alsbald gefangen, schmiedete ihn auf einem Esel fest und führte ihn nach Mittersill zu ewiger Gefangenschaft ab. Als man unterwegs mit ihm bei St. Leonhard vorbeikam, gingen die Büttel ins Wirtshaus, ihre durstige Kehlen zu erfrischen, ließen aber unterdessen den Gefangenen auf seinem Esel vor der Thür warten. Einige Bauern, die ebenfalls in die Schenke wollten, wurden, als sie unsern angeschmiedeten Freund auf dem Lasttier erblickten, neugierig und fragten ihn nach seinem Woher und Wohin. Dieser erzählte ihnen sein Geschick. Seine Zuhörer, obwohl katholisch, waren nun doch der Meinung, daß ihm zu viel geschehe, und machten ihn ohne viel Federlesens mit Gewalt von seinem Esel frei, worauf er schleunigst das Weite suchte. Der vornehmste von diesen kühnen Bauern aber, mit Namen Stöckel, wurde auf Befehl des Erzbischofs gefangen genommen, auf die Feste Hohen=Salzburg gebracht und hier ohne angestellte Untersuchung enthauptet. Allein das Volk nahm es übel auf, daß man mit diesem Stöckel so grausam umgesprungen war. Es rotteten sich deshalb mehrere Haufen zusammen, plünderte viele Flecken und belagerten ihren eigenen Erzbischof vierzehn Wochen lang in seiner Residenz. Endlich wurde durch Vermittelung der benachbarten Fürsten der Friede wieder hergestellt. Doch den Anführern ging es schlecht. Man versprach ihnen Verzeihung für alles, wenn sie die Waffen niederlegen würden. Sie willigten ein und legten die Mordwerkzeuge ab. Sobald das geschehen war, nahm man etliche fünfzig beim Kragen und schlug ihnen in Gegenwart der übrigen die Köpfe ab.

Hierauf vergingen einige Jahre der Ruhe. Während derselben breitete sich die Wahrheit sehr aus, und die Lutherischen vermehrten sich allenthalben. Manche von den reichsten Familien des Landes nahmen die reine Lehre an. Einer erbaute den andern, und durch fleißiges Lesen der Bibel in Luthers Übersetzung und evangelischer Bücher gründeten sie sich in der Wahrheit immer fester. Aber schon im Jahre 1588 erregte der Erzbischof Wolfgang Dietrich eine Verfolgung gegen sie, trieb eine große Zahl aus dem Lande und zog ihre Güter an sich. Dadurch geschah, wie sich alsbald fühlbar machte, dem Lande ein großer Abbruch in Handel und Erwerb. Der Erzbischof aber meinte, als ihm dies vorgestellt wurde, es sei besser, ein im Glauben reines Land als viele Schätze in demselben zu haben. Nur wenige Evangelische hatten das Irdische lieber als das Heil ihrer Seele, verleugneten die Wahrheit und kehrten zum katholischen Glauben zurück. Sie mußten dann in den Kirchen, sonderlich im Dom des heiligen Rupprecht zu Salzburg, brennende Kerzen tragen, um dadurch öffentlich an den

Tag zu legen, daß sie für ihre Sünden Buße thäten und reuig aus dem Abfall wieder zurückkehrten zum Licht der katholischen Kirche.

Nach dieser Zeit hörte man fürs erste nichts mehr von Protestanten im Salzburgischen; doch waren sie keineswegs alle ausgerottet, sondern nur wie ein Licht unter dem Scheffel verborgen. Im Herzen hegten sie die Wahrheit, wenn sie auch äußerlich zur katholischen Kirche hielten. Die Eltern unterwiesen unablässig ihre Kinder in der reinen Lehre und lasen mit ihnen die Heilige Schrift und evangelische Bücher. Diese aber mußten sie sorgsamst versteckt halten, sollten dieselben nicht ausgekundschaftet, ihnen entrissen und öffentlich verbrannt werden. Allein auch mit der ängstlichsten Umsicht konnten sie ihre Bücher nicht so heimlich halten, daß die katholische Geistlichkeit, welche immer in Sorgen lebte, es möchte noch einiger Same übrig geblieben sein, und daher, wo sie ging und stand, alles mit Späheraugen musterte, nicht hie und da Wind davon bekommen hätte. Man stieß endlich im Tefferegger Thal an der Grenze von Tyrol ganz unerwartet, während man sonst nur einzelne ketzerische Familien traf, auf eine ganze Gemeine von mehreren Hundert Personen, welche im lutherischen Glauben lebten und webten. Diese Leute hatten weder Prediger noch Lehrer, sondern kamen des Nichts in dichten Wäldern und einsamen Schluchten oder in ihren Minen zu gegenseitiger Erbauung zusammen. Da wurde denn gesungen und gebetet und die heilige Schrift vorgelesen, sowie Luthers und Spangenbergs Predigten, die Augsburgische Konfession, der kleine Katechismus und andere gute Bücher. Sie lehrten ihre Kinder das Wort Gottes und sagten es heimlich ihren Bekannten und Nachbarn, und so wuchs ihre Zahl von Jahr zu Jahr. Öffentlich jedoch fanden sie sich dann und wann in der katholischen

Kirche ein und nahmen auch wohl am Sakrament teil. Aber man wies mit Fingern auf sie als geheime Lutheraner. Jetzt wurde ein von Jesuiten erzogener Priester in diese Gegend gesetzt, ein äußerst hochfahrender und heftiger Mensch, welcher häufig, weil ihm diese Leute als Ketzer verdächtigt worden, die reine Lehre des Evangeliums schmähte. Daher kamen unsre Lutheraner immer seltener zur Kirche, ja einige standen auf und gingen hinaus, wenn dieser Pfaff anfing, seinen Geifer über ihren heiligen Glauben auszuschäumen.

Das wurde dem Erzbischof, Maximilian Gandolph, hinterbracht. Dieser ließ sofort zwei von ihnen nach Hallein vor seinen Richterstuhl fordern. Als sie erschienen, verlangte er ihre lutherischen Bücher von ihnen und fragte, warum sie nicht zur Beichte und Messe gingen. Da sie einfältig lutherische Antworten gaben, wurden sie in Ketten geschlagen und drei Tage ins Gefängnis geworfen. Dann wurden sie nach Salzburg geschleppt, abermals examiniert und zum zweiten Male in den Kerker gebracht, auf fünfzig Tage. Hier schickte man zwei alte Kapuziner zu ihnen, um sie zu bekehren. Diese aber kehrten durch die gute Bibelkenntnis unsrer beiden Freunde gänzlich geschlagen und entwaffnet zurück. Dann griff man zu den schrecklichsten Drohungen und sogar zur Folter. Aber sie blieben fest. Endlich verlangte der Erzbischof ein schriftliches Bekenntnis ihres Glaubens und ließ sie gehen. Mit Freuden sandten sie ein schriftliches Bekenntnis ihres Glaubens ein, mit der demütigen Bitte begleitet, daß man sie entweder in ihrer Heimat dulden oder mit Weib und Kind ausziehen lassen wolle. Dieses Bekenntnis war aufgesetzt von Joseph Schaitberger, einem armen Bergmann, der keinen Unterricht außer dem seiner lutherischen Eltern genossen hatte. Darin sagten sie, es sei ein schreckliches Wort, wenn der Herr Christus spreche:

„Wer mich verleugnet vor den Menschen, den will ich auch verleugnen vor meinem himmlischen Vater." Dieses Wort bewege sie, auch vor dem Erzbischof ihren Glauben nicht zu verleugnen, damit sie nicht vor Gott und Menschen als Heuchler erfunden würden. Nun müsse doch Seiner Hochwürden unverborgen sein, daß sie sich immer als gehorsame Unterthanen bewiesen hätten; aber in geistlichen Dingen müßten sie Gott mehr gehorchen als den Menschen. Dann fahren sie fort, die Hauptpunkte unsres lutherischen Glaubens vorzulegen, und beziehen sich dabei häufig auf die Augsburgische Konfession, mit welcher sie schließlich ihre Übereinstimmung erklären. Die Folge dieses Bekenntnisses war eine allgemeine Verfolgung aller Lutherischen, besonders im Teffereggthal. Man raubte ihre Güter und verweigerte ihnen allen Verdienst. Ihre Bücher zerriß und verbrannte man. Sie wurden vierzehn Tage lang zu hartem Frondienst bei Wasser und Brot gezwungen und dann zum Widerruf aufgefordert. Man befahl ihnen, einen körperlichen Eid zu schwören, daß sie sich bei den katholischen Messen, Prozessionen und Wallfahrten einfinden, den Papst als das Oberhaupt der ganzen Kirche anerkennen, seine und der römischen Kirche Gebote und Verbote als göttlich ansehen, das Fegfeuer, die Anrufung der Mutter Gottes, der Heiligen Hülfe und Trost in Leibes- und Seelennöten glauben und dabei leben und sterben wollten. Einige wenige wurden wankend und leisteten den Eid. Die allermeisten aber blieben standhaft und machten sich ein Gewissen daraus, dem Erzbischof in dieser Forderung zu gehorchen und den vorgelegten Eid zu schwören. Sie baten demütig, man möchte sie hiermit verschonen und ihren Gehorsam in anderer Weise auf die Probe stellen. Aber man hörte sie nicht, sondern sah sie als Abtrünnige an, die sich von der alleinseligmachenden Kirche losgerissen hätten. Die unter sie abgeschickten Pfaffen gaben sich viele Mühe. Sie suchten diese Bauern und Bergleute zu überzeugen, daß sie nicht selig werden könnten, wenn sie nicht umkehrten, schwatzten ihnen viel von dem Guten vor, daß sie von den Pfaffen genießen sollten, und drohten ihnen, als das nichts helfen wollte, mit Landesverweisung. Doch alles war vergeblich. Da erließ dieser Erzbischof den Befehl, daß einige innerhalb eines Monats, andere in vierzehn Tagen und noch andere in noch kürzerer Zeit das Land räumen sollten. Und so mußten denn diese Lutheraner im Jahre 1685 Hals über Kopf davon. Ihre Kinder von fünfzehn Jahren und darunter behielt man zurück. Ihre Habseligkeiten wurden ihnen kaum um die Hälfte bezahlt. Manche Familien aber wagten es, ihre Kinder heimlich mitzunehmen, wenn auch mit Hinterlassung ihres ganzen Vermögens. Doch in den oberösterreichischen Landen hielt man sie an, nahm ihnen ihre Kinder ab und sandte sie selbst gefangen in ihr Thal zurück. Hier warf man sie in die ärgsten Gefängnisse und plagte sie auf alle mögliche Weise, und ihre Kinder wurden in die Klöster gesteckt. Die evangelischen Gesandte und Reichsstände, die auf dem Reichstag zu Regensburg versammelt waren, sowie Friedrich Wilhelm, der Kurfürst von Brandenburg, konnten mit ihrer Fürbitte, ihrer Berufung auf den westfälischen Frieden und sonstigen Vorstellungen bei dem Erzbischof nichts weiter für diese bedrängten Leute erreichen, als daß er diejenigen, die nicht schon in den Gefängnissen gestorben waren, nackt und bloß von dannen jagen ließ, ohne den größten Teil der Kinder und Güter auszuliefern. Manche stahlen sich bei Nacht und Nebel ins Land zurück, ihre Weiber und Kinder zu holen, und trotz der Wachtposten gelang es hier einem, sein Weib, dort einem andern, ein Kind, manchem auch, seine ganze Familie davonzuführen.

Während dieser ganzen Zeit hatten sie alle unsäglich zu leiden, da sie von allen Mitteln entblößt, ohne Obdach, mitten im Winter in die Fremde hinauswandern mußten, und manche starben, wenn sie ein protestantisches Land erreicht hatten, aus lauter Erschöpfung. Einer von denen, die am schwersten zu leiden hatten, war der genannte Joseph Schaitberger. Er war am 19. März 1658 zu Dürnberg, zwei deutsche Meilen von Salzburg, geboren. Seine Eltern standen beide entschieden auf dem lutherischen Bekenntnis. Früh lernte er von seinem Bruder lesen und zeigte bald eine feurige Liebe zur heiligen Schrift, die er unablässig las und betrachtete. Auch er wurde nun in dieser traurigen Zeit mit besonderem Groll verjagt und seine zwei Töchter beide von ihm gerissen. Zweimal kehrte er zurück, sie zu holen; aber ohne Erfolg. Sie wurden zum tiefsten Herzeleid des Vaters erzkatholisch aufgezogen. Eine davon wurde in ihrer kindlichen Liebe, als sie herangewachsen und verheiratet war, so voll heißen Verlangens nach dem Seelenheil ihres Vaters, den sie als einen verdammten Ketzer anzusehen gelehrt worden war, daß sie zu ihm nach Nürnberg reiste, um ihn zu bekehren. Aber anstatt zu siegen, wurde sie besiegt. Auch an ihrem Herzen, das die kindliche Liebe zum Vater sich bewahrt hatte, bewies Gottes Wort seine Kraft; sie wurde lutherisch. Nachdem sie vergebliche Anstrengungen gemacht, ihren Gatten zur Nachfolge ihres Beispiels zu bewegen, blieb sie bei ihrem Vater in Nürnberg, um nicht wieder zum Abfall verführt zu werden. Schaitberger aber besuchte öfter mit Gefahr seines Lebens seine noch übrigen Glaubensgenossen im Salzburgischen und schrieb tröstende und ermunternde Sendbriefe an sie, die mit Begierde allenthalben gelesen wurden.

Unter denen, die im Kerker starben, war auch mein Vater. Auch er hatte in den Bergwerken des Defferegger Thals durch harte Arbeit sein Brot erworben und war zur Erkenntnis der Wahrheit gekommen. Meine Mutter jedoch bekannte den katholischen Glauben, und deshalb gerieten sie oft in Zank mit einander. Ich war zur Zeit dieser Verfolgung, als mein Vater ergriffen und ins Gefängnis geworfen wurde, ein Jahr alt. Meine Mutter schwankte während seiner Gefangenschaft beständig zwischen der Liebe zu ihm einerseits und ihrem katholischen Glauben andererseits hin und her, und je nachdem die eine oder der andere die Oberhand in ihrem Herzen gewann, bedauerte sie ihren Gatten aufs innigste, oder hielt seine Behandlung von seiten der Römischen halb und halb für recht und verdient. Der Gram hierüber, die Mißhandlungen von rohen Gefangenwärtern und endlich ein Fieber mergelten meinen Vater im feuchten, kalten Kerker so ab, daß er nach zwei Monaten den Geist aufgab. Ich habe ihn nie gekannt.

Meine Mutter heiratete anderthalb Jahre nachher einen reichen, katholischen Gutsbesitzer, mit Namen Kronberger, in der Nähe von Salzburg und zeugte mit ihm, außer zwei Söhnen, die früh starben, meine Schwester Josephine, deine Mutter, Jochem. Ich wurde später aufs Gymnasium und dann auf die Universität zu Salzburg geschickt, um zum Priester ausgebildet zu werden. Doch die Nacht wird schon kühl und wir sind gerade an einem Abschnitt angekommen, ich denke daher, wir machen für heute Feierabend."

Nachdem der Greis Jochem und seiner Frau auf ihre herzliche Bitte versprochen hatte, am nächsten Abend seine Erzählung fortzusetzen, gingen sie ins Haus, hielten ihre Abendandacht und begaben sich zur Ruhe.

Zweites Kapitel.

Am folgenden Abend sank die Sonne eben hinunter und Jochem mit den Seinen saß noch am Abendtisch, als Andres Zandt schon auf der hölzernen Bank vor dem Hause voll unruhiger Erwartung sich niederließ. Er hatte heute am Tage durch Jochem zufällig von der Erzählung des alten Schulmeisters erfahren und sogleich in brennender Begierde inständig gebeten, es möge ihm auch zuzuhören erlaubt sein; ja es that ihm so leid, nicht auch den ersten Teil gehört zu haben, daß ihm die Thränen in die Augen traten. Jochem hatte ihm jedoch, so gut er konnte, die Erzählung von gestern Abend wiederholt und versprochen, ein gutes Wort bei dem Greis für ihn einzulegen. Jetzt gingen die Wogen seiner Gefühle hoch. Seine Einbildungskraft schwärmte unter den Dingen, die er aus Jochems Munde vernommen, mit wonniger Lust umher und, in Gedanken versunken, mit dem Blick auf den eben erscheinenden Abendstern geheftet, murmelte er:

"Abendstern, du kommst so stille
Wiederum hervorgeguckt —"

Da stach ihn eine Mücke auf die Hand, und indem er sie totschlug und die Stelle rieb, setzte er hinzu:

"Und es ist mein ernster Wille,
Mich zu kratzen, wo es juckt."

"Welch ein Purzelbaum!" lachte Jochem, indem er aus der Thür trat und Andres auf die Schulter klopfte. Wie aus süßen Träumen erwachend, schrak Andres zusammen, stimmte jedoch sogleich in Jochems Lachen mit ein, indem er freundlich den Gruß desselben erwiderte. Nicht lange darauf wankte auch

der Alte an seinem Stabe heraus und ließ sich mit einem wohl=
wollenden Kopfnicken gegen Andres nieder. Jochem brachte
sofort seine versprochene Fürbitte für Andres vor. Lächelnd
gewährte unser Erzähler dem neuen Ankömmling seinen Wunsch.
Nachdem nun auch die junge Gattin Jochems sich ihnen beige=
sellt hatte, fuhr der alte Onkel ohne weitere Umschweife also in
seiner Erzählung fort:

„Vierzig Jahre lang nach jener ersten schweren Verfol=
gung, von welcher ich euch gestern Abend erzählt habe, blieb es
nun im Salzburgischen ruhig. Die lutherische Kirche schien
während dieser Zeit fast erloschen zu sein. Allein allenthalben
überzeugte die Wahrheit doch einige Herzen, daß sie dieselbe
heimlich annahmen und die Ihrigen darin unterwiesen, obwohl
sie die katholischen Gottesdienste besuchten, das heilige Abend=
mahl unter **einer** Gestalt empfingen und die Messe und Pro=
zessionen mitmachten. Denn ihre Erkenntnis war noch schwach,
ihr Glaube noch sehr furchtsam und zaghaft und die Sorge um
das Zeitliche noch nicht völlig überwunden. Aber die göttliche
Wahrheit ist ein Senfkorn, das zu einem großen Baume wird.
Sie erkannten immer deutlicher die Wahrheit, wurden immer
fester davon überzeugt und fingen nach und nach an, von den
abgöttischen Gebräuchen der Papisten wenig zu halten. Man
sah ihnen jedoch fürs erste durch die Finger, weil sie ja das
Äußerliche beobachteten und sich in allen Stücken als gehorsame
Unterthanen erwiesen.

Unter der Regierung des Erzbischofs Leopold aber im
Jahre 1728 fing man an, als ein Schibboleth einen echt katho=
lischen Gruß einzuführen. Diesen wollten die Evangelischen
um des Gewissens willen nicht gebrauchen, obwohl man sie von
den Kanzeln herab dazu ermahnte. Hieran erkannte man sie
und hielt nun die Augen über ihnen offen. Die Priester fingen

an, ihre Häuser zu durchsuchen, ob sie nicht lutherische Bücher bei sich hätten, und fragten sie scharf aus, ob sie auch alles für wahr hielten, was die römische Kirche lehre, ja zwangen sie zuweilen, einen Eid zu schwören, daß sie gute katholische Christen seien. Das brachte im Jahre 1729 die Sache zum Bruche.

Zuerst traten zwei alte Männer öffentlich hervor, und bekannten sehr freimütig, daß sie den lutherischen Glauben für den wahren hielten und darauf leben und sterben wollten. Der eine war Friedrich Lerchner, der Vater unsrer Witwe Rahn, und der andere Adam Rahn, die beiden Großväter unsres David. Sofort kamen die Pfaffen in Begleitung zweier Schergen, um alles mit Gewalt aufbrechen zu können, wenn man nicht gutwillig öffne, und durchsuchten ihre Häuser von oben bis unten. Nun fanden sie die Bibel und einige evangelische Bücher, aus welchen sich diese Männer mit den Ihrigen zu erbauen pflegte. Sie wurden deshalb gleich in Ketten geschlagen und ins Gefängnis geworfen, wo sie etliche Wochen hindurch viele Drangsale ausstehen mußten. Man ließ niemand von den Ihrigen zu ihnen, plagte sie mit Hunger und Durst, ließ sie in einem häßlichen, unterirdischen Gewölbe liegen, wo sie weder Sonne noch Mond zu sehen bekamen; man verhörte sie nicht, überführte sie keiner Missethaten; ihr ganzes Verbrechen bestand darin, daß sie die Bibel zu lesen sich erkühnt und lutherische Bücher besessen hatten."

„Scheußlich!" platzte hier Andres, der sich nicht mehr halten konnte, heraus.

Unser Erzähler lächelte und fuhr, ohne sich stören zu lassen, fort: „Endlich aber wurden sie losgelassen und mit Zurücklassung ihrer Weiber und Kinder aus dem Lande gejagt.

Sie wandten sich nun nach Regensburg mit einer Bittschrift um Hülfe an die evangelischen Gesandten. Die überreichten am 17. Februar 1730 ein Schreiben zu Gunsten der Verjagten an den Gesandten des Erzbischofs von Salzburg. Allein der Gesandte erklärte, er habe von seinem Erzbischof den gemessenen Befehl, wenn ihm von seiten der Augsburgischen Konfessionsverwandten ein Promemoria oder dergleichen zum Einschicken übergeben würde, so solle er die Annahme desselben ablehnen. Der Erzbischof habe keine Lust, in Sachen, die seine Unterthanen angingen, sich zur Verantwortung ziehen zu lassen. Man solle solchen unruhigen Köpfen mit ihren meist boshaft erdichteten Beschwerden nicht sogleich Gehör geben. Denn wenn solches Pöbelvolk sich erdreiste, vor der ganzen Menge mit vollem Halse zu rufen: „Ich bin lutherisch!" so sei das einer förmlichen Empörung nicht unähnlich.

Nun brachen die Fluten der Verfolgung bald hier, bald da in immer stärkerem Maße hervor, besonders aber zu Werffen, einer ansehnlichen Stadt an der Salza südlich von Salzburg, welche ebenso wie dieses mit einem festen Bergschloß prangt. Der sogenannte Pfleger von Werffen war ein wütender Feind der Lutherischen und zugleich maßlos geldgierig. Darum ließ er ganze Haufen vor seinen Richterstuhl schleppen und begnügte sich nicht damit, daß er alle Grausamkeiten an seinen Opfern verübte, sondern raffte auch so viel von ihrem Vermögen an sich, als er in die Finger bekommen konnte. Ruprecht Winter zum Beispiel, der Vater unsrer edlen Frau Kalcher, welcher zwei Meilen von Werffen wohnte, lag als siebzigjähriger Greis krank in seinem Bette. Der katholische Geistliche stellte sich ungerufen bei ihm ein und zwang durch allerhand Drohungen und unablässige Quälerei den fast ster-

benden Mann, das heilige Abendmahl unter einer Gestalt zu
nehmen. Dabei erblickte er Luthers Hauspostille unter der
Bank, wohin seine ihn sorgfältig pflegende Tochter Katharina,
als man den Pater kommen sah, in der Angst sie geworfen
hatte. Dieser Wolf verklagte nun den kranken Mann bei dem
Pfleger, der ihn alsbald vor Gericht fordern ließ. Weil aber
der Greis nicht erschien, da er gänzlich außer Stande war, auf=
zustehen, so gab der Pfleger Befehl, durch einen Schergen ihn zu
schließen und auf einem Wagen herzuführen. Man riß nun
den alten Mann mit unmenschlicher Grausamkeit aus dem Bett,
wobei seine Tochter, die sich für ihn zur Wehre setzen wollte,
einfach niedergeschlagen wurde, warf ihn an Händen und
Füßen gebunden auf einen Wagen und überlieferte ihn dem
Pfleger. Dieser schickte, ohne ihn erst zu verhören, ihn in den
Kerker und ließ ihm alles Herzeleid anthun. Nach einigen
Tagen verschied dieser Dulder, ohne auch nur ein Wort der
Ungeduld über seine Lippen gebracht zu haben. Seine herrlich
aufgeblühte zwanzigjährige Tochter Katharina, die sich kaum
trösten konnte, stand nun, da ihre Mutter schon vor Jahren
gestorben war, gänzlich verlassen und verwaist da, und es war
daher dem hungrigen Tyrannen ein Leichtes, sich selbst an
ihrer Stelle zum Erben des verblichenen Ketzers zu machen.

An einem einzigen Tage ließ der Pfleger aus Werffen
selbst elf Männer, unter denen Johann Pommer, dein Onkel,
Pauline, und Ehrhardt Zandt, dein Großvater, Andres, sich
befanden, in Eisen legen und ins Gefängnis sperren, wo sie
von Hunger und Frost gemartert wurden. Etliche von ihnen,
zum Beispiel deinen Onkel, Pauline, ließ er bis aufs Hemb aus=
ziehen und mit Ochsenziemern so arg peitschen, daß man ihr
Schreien auf der Gasse und bis ins Haus des Pflegers hören

konnte. Nach langer Drangsal wurden sie zwar herausgelassen, aber schwer am Gelde gestraft.

Simon Klammer lag beinahe ein Jahr lang in einem Kerker, worin er vor lauter Gestank schier umgekommen wäre. Er litt Frost und Hunger. Weib und Kinder ließ man nicht zu ihm. Entsetzliche Schläge mußte er bei Tag und Nacht ausstehen. Als man ihn endlich in Freiheit setzte, wurde ihm seine ganze Habe genommen.

Joseph Kirschner, der älteste Bruder unsres wackern Konrad, hatte über ein ganzes Jahr im Gefängnis zu sitzen. Man ließ ihn fast verschmachten, stäupte ihn alle Tage und drohte ihm mit den grauenhaftesten Dingen, wenn er den lutherischen Glauben nicht abschwören würde. Eben dieses widerfuhr Wolff Fuchs, Ruprecht Fromm, Philipp Bach und einer großen Zahl anderer.

Hans Klammer wurde von seinem Nachbar angegeben, daß er evangelische Bücher bei sich habe. Man stellte eine Haussuchung an, bei welcher nicht ein Blatt gefunden wurde. Nichtsdestoweniger wurde er in ein finsteres Gefängnis geworfen, mit dem rechten Fuß an der Wand festgeschlossen und mit tausendfachem Ungemach geplagt. Erst nach vier Wochen brachte man ihn wegen seines vermeintlichen Verbrechens zum Verhör. Der Pfleger fragte ihn, welche Religion ihm am besten gefiele, die evangelische, oder die römisch-katholische. Er gab zur Antwort: die evangelische; denn diese sei in der heiligen Schrift am besten gegründet. Dabei bat er um die Erlaubnis, mit Weib und Kindern aus dem Lande ziehen zu dürfen. Er mußte aber statt dessen ins Gefängnis zurückwandern und, als er nach acht martervollen Wochen entlassen wurde, diesen Abschied von dem Pfleger vernehmen: er solle sich bei Zeiten aus dem Lande machen; denn er könne einen solchen Ketzer nicht länger vor Augen sehen. Sein Weib solle ihm in kurzem folgen; die Kinder aber seien noch jung und unverständig, man wisse nicht, ob sie, wenn zu Verstand gekommen, den lutherischen oder katholischen Glauben erwählen würden. Wenn sie aber erwachsen wären und lutherisch würden, so sollten sie ihm auch schon nachgeschickt werden. Darauf wurde er sogleich fortgeschafft und mußte alles Seinige zurücklassen. Seinem Weibe aber wurde eine Geldstrafe auferlegt.

Ähnlich erging es Johann Steiner, dem Vater Paulinens und Fritzens, der damals noch ledig bei seinen Eltern wohnte. Auch er wurde angegeben. Der Gerichtsschreiber von Werffen nebst einem Häscher begab sich in seines Vaters Wohnung. Sie hatten einen großen Hund und einen Sack voll Ketten und Schellen bei sich. Sie durchforschten alles, was dem Sohne angehörte, und da sie nichts fanden, verschlossen sie die Kasten und nahmen die Schlüssel mit sich. Johann Steiner befand sich gerade nicht zu Hause, sondern war im Walde an der Arbeit. Als er von diesem Einfall Nachricht erhielt, entging er seinen Verfolgern durch die Flucht. Man setzte ihm zwar nach, aber alle Mühe war verloren. Darauf drang man auf seinen achtundsechzigjährigen Vater ein und verlangte mit Gewalt von ihm, er solle seinen Sohn wieder herbeischaffen. Als er dies für unmöglich erklärte, wurde er ins Gefängnis geschlossen. Endlich ließ man ihn wieder los, zwang in aber eine Summe Geldes zu erlegen, die er seinem Sohne von der künftigen Erbschaft abziehen solle.

Philipp Steinbach, der vor zwei Jahren unsre Ansiedelung mit Sack und Pack verlassen hat und weiter nach Norden gezogen ist, wohnte als Bauer am Gappenberg bei Abtenau, damals noch ein lediger Bursche. Auch er wurde angezeigt. Der Pfleger von Radstadt, unter dessen Botmäßigkeit er gar nicht gehörte, ließ ihn am 17. März 1731 durch Häscher zu sich holen und stellte ihn zur Rede. Aus Menschenfurcht leugnete er, die Bibel in seinem Besitze zu haben. Der Pfleger schnaubte ihn an, er solle mit der Sprache nur herausrücken, sonst könne die Sache nur noch schlimmer für ihn ausfallen. Doch Steinbach blieb beim Leugnen, in der Hoffnung, sich dadurch aus der Klemme helfen zu können. Allein er gewann damit nichts, sondern wurde ins Gefängnis geführt und erst am fünften Tage darauf entlassen. Am 25. April mußte er wieder, von Schergen abgeholt, nach Rabstadt kommen. Nun fragten ihn der Pfleger und der Pfarrer zu Altenmark aufs neue aus. Aber auch jetzt konnten sie nichts aus ihm herausbringen. Zum zweitenmale mußte er fünf Tage sitzen. Dann wurde er gegen Bürgschaft ins Freie gesetzt. Aber schon nach drei Tagen suchten ihn die Büttel abermals und brachten ihn nach Rabstadt, wo er nach wiederholtem Leugnen zum dritten Mal ins Loch wandern mußte. Als er acht Tage festgesessen hatte, trieb ihn endlich sein Gewissen, sich unumwunden zur Augsburgischen Konfession zu bekennen. Jetzt wurde er mit dem linken Fuß an einer Bank festgeschmiedet und niemand zu ihm zu treten erlaubt. In diesem Zustande mußte er sechs Tage und Nächte verharren, während welcher sein Fuß, von der schweren Kette wund gerieben, heftig schmerzte. Eine Geschwulst am Halse trat noch hinzu, und unser Gefangener erkrankte bedenklich. Das benutzten die Stadtrichter und die Wärter, ihn durch Schelten, Fluchen und Rippenstöße zum Widerruf, wo möglich, zu bewegen, wobei sich auch die Kapuziner einfanden und heiser schwatzten. Als das nichts half, versprachen sie ihm Freiheit von Banden und Unkosten, wenn er zur katholischen Kirche zurückkehren würde. Endlich hatten sie ihn mürbe, und mit gebrochenen Worten, da er nicht mehr deutlich zu reden vermochte, sagte er, er wolle nachgeben. Obwohl man das als einen öffentlichen Widerruf allenthalben ausbreitete, so traute man ihm doch nicht, sondern ließ ihn, nachdem man seine Fesseln abgenommen, noch elf lange Wochen im Kerker schmachten. Endlich ließ man ihn zwar auf seine Beschwerde über die Wortbrüchigkeit seiner Peiniger los, behielt ihn aber als Stadtgefangenen in Radstadt zum Frondienst. Hierbei sagten ihm die Kapuziner einmal mit Hohnlachen, er solle gegen den Winter nach Salzburg geführt und zur Delinquentenarbeit verdammt werden; er werde 52 Reichsthaler und die Kosten zahlen müssen, und seinem Vater, der ein wohlhabender Mann war, sei von dem Richter verboten worden, ihm sein Erbteil zukommen zu lassen. Darauf entschloß sich Steinbach kurz und suchte während einer regnichten, finstern Nacht sein Heil in der Flucht, was ihm auch glücklich gelang.

So entbrannte weit und breit die Verfolgung immer heißer. Es verging kein Tag, daß nicht einige Gefangene nach St. Johannis, Gastein, Radstadt, Däpenbach, Hallein und andern Orten abgeführt worden wären. Zu Däpenbach zum Beispiel geschah es im Februar 1731, daß der Pfleger dieses Ortes selbst, Staubacher von Wisbach, in Begleitung eines Priesters und eines Polizeiknechts, als schon die Dunkelheit hereingebrochen war, in die Wohnung der armen Witwe Ursula Pilz plötzlich einfiel. Durch einen Schlosser ließen sie alle Kisten und Behältnisse aufsprengen und durchsuchten mit Fleiß alle Winkel, um lutherische Bücher zu finden. Da sie nun Dr. Johann Spangenbergs Postille antrafen, so wurde sie zwei Tage lang ins Gefängnis gesteckt. Bei der Haussuchung aber hatten sie mit ihren Lichtern unvorsichtig umhergefuchtelt, und keine halbe Stunde, nachdem sie das bescheidene Häuschen mit der gefangenen Witwe und ihrer jammernden Tochter verlaffen hatten, ftand dasfelbe in lichten Flammen. Schließlich mußte ein Gerichtsdiener fie famt ihrer Tochter an die kurbayrifche Grenze bringen und fo waren fie genötigt, dem Elend preisgegeben, in die weite Welt zu wandern.

So könnte ich noch Stunden lang fortfahren, euch Beispiele der Graufamkeit zu erzählen, welche die Knechte des römifchen Antichrifts an denen verübten, die um ihrer Seelen Seligkeit willen die Wahrheit des Wortes Gottes ergriffen und bekannten. Wer nur im geringften fich des Verdachtes fchuldig machte, daß er nicht alle Lehren der römifchen Kirche für Gottes Wort halte, der entging ihren Fäuften nicht. Man wollte nicht aufhören, diefe unfchuldigen Dulder aufs graufamfte zu martern und nicht nur um all ihre Habfeligkeiten, fondern auch fehr oft um Leib und Leben zu bringen. Als die Not aufs höchfte geftiegen war, thaten fich an verfchiedenen Orten die Bekenner der Wahrheit zufammen und fertigten aus den verftändigften Männern zwei große Gefandtfchaften, mit Vollmachten verfehen, ab, die eine nach Regensburg an die evangelifchen Stände und Gefandten, die andere nach Wien an den Kaifer, um an beiden Orten ihre Bedrängnis vorzuftellen und um Abhülfe zu bitten. Laßt uns ihnen Gottes Segen mit auf den Weg geben und morgen Abend hören, was fie ausgerichtet haben."

Drittes Kapitel.

„Unfer Andres," hob Jochem am nächften Abend, als fie alle wieder verfammelt waren, an, „hat auf die Verfolgten ein fchönes Lied gemacht; wollt Ihr es hören, Onkel?"

„Ei freilich!" erwiederte dieser überrascht, „laß doch einmal hören, Andres!

Unser Dichter stand auf, hob den Blick seiner nußbraunen Augen empor und trug mit einem Ausdruck seines jugendlichen, nicht unschönen Angesichts, als sei er in höhere Regionen entrückt, Folgendes vor:

„Wer ist die Schar, die ernst und still
Geht über Jordans Fluten?
Mein Auge schau', wohin es will,
Es sieht sie alle bluten.

Zerschlagen ist das edle Haupt,
Zerfleischt die zarten Glieder,
Der dornburchbohrte Fuß bestaubt
Und thränennaß die Lider.

Doch heben sie die Stirn voll Glanz
Und blicken froh hinüber;
Denn Kanaans verheißner Kranz
Strahlt auf sie schon herüber.

Sie ziehn durchs goldne Thor hinein
In langen, dichten Reihen,
Als gingen sie zur Heimat ein
Aus fremden Wüsteneien.

Sie treten zu dem Stuhl heran
Des Lamms auf allen Enden,
Mit weißen Kleider angethan,
Mit Palmen in den Händen. —

Von Helden ist's ein zahllos Heer,
Ein mächtig Volk von Frommen,
Die zu des Lammes Hochzeit her
Aus großer Trübsal kommen.

Sie haben gern bei Thränenbrot
    Dem Herrn sich dargegeben
Und nicht bis in den bittern Tod
    Geliebt ihr eigen Leben.

Sie wuschen stets im Blut des Lamms
    Die Kleider wieder helle,
Und der am Holz des Kreuzesstamms
    War ihres Trostes Quelle.

Nun stehen sie vor Gottes Thron,
    Ihm Tag und Nacht zu dienen,
Und er, des Sohnes Tod zum Lohn,
    Wird wohnen über ihnen.

Er trocknet alle Thränen ab
    Von ihren lichten Wangen,
Und keine Sonne brennt herab,
    Sie läßt kein Feind mehr bangen.

Auf fette Weide leitet sie
    Das Lamm, das sie gewonnen,
Und tränkt mit Himmelsfreude sie
    Aus frischen Wasserbronnen.

Drum braust empor ihr Jubelsang,
    Es brandet die Gestade
Der sel'gen Ewigkeit entlang
    Das Rühmen seiner Gnade."

„Junge!" rief der Greis voll freudiger Erregung, als Andres geendet, indes ein paar Thränen über seine runzlichen Wangen in den weißen Bart perlten, „Junge! komm an meine Brust!" Er umarmte den Jüngling herzlich und drückte einen Kuß auf seine Stirn. „Gesegnet seiest du dem Herrn, mein Sohn!" setzte er dann hinzu, indem er seine Hände auf das Haupt des verwirrten und verlegenen Andres legte. „Fahre fort, deinen Heiland als dein Ein und Alles mit deiner Kunst zu verherrlichen, so wird dein Gesang nicht verstummen, wenn einst dein leiblicher Mund im Tode sich schließt, sondern wirst mit jenem Heer von Helden vor dem Stuhl des Lammes in die Saiten greifen für und für."

Feuerrot vor Beschämung und Freude setzte sich der Jüngling wieder an seinen Ort, wo Pauline in stummer Rührung ihm die Hand drückte.

Nach einigen Minuten hob der Alte seine Erzählung also wieder an: „Die Gesandtschaft, welche nach Wien reisen sollte, wurde zuerst und zwar im Mai 1731 abgeschickt. Ob sie gleich einzeln von verschiedenen Orten ausging, um erst in kaiserlichen Landen sich zusammen zu finden, so gelang es ihnen doch nicht, durchzukommen. In Linz an der Donau wurden sie alle nach einander, weil sie keine Pässe aufweisen konnten, angehalten. Aus dem ihnen mitgegebenen Begleitschreiben ersah man, daß sie sich bei dem Kaiser über ihren Erzbischof beklagen wollten. Deshalb wurden sie für Empörer angesehen, in Ketten und Banden gelegt, auf drei Karren geworfen und unter Bedeckung von 250 kaiserlichen Dragonern nach Salzburg zurückgeführt. Hier angekommen, wurden sie zu ewiger Gefangenschaft auf die Festung Hohen-Salzburg gebracht, wo sie neun Klafter tief unter der Erde in entsetzlichem Gestank umgekommen sind. Und da man bei ihnen die Vollmachten gefunden, in welchen sich eine große Anzahl der vornehmsten Lutheraner unterschrieben hatte, so wurden auch diese Letzteren nach Salzburg geschleppt und ihnen eine gleiche Herberge angewiesen. Nur ein einziger kam nach vielen Umwegen zu Wien an, fand aber für seine Bitte nur taube Ohren. Die Gesandtschaft nach Regensburg war glücklicher. Sie langten unge=

hindert am Ort ihrer Bestimmung an und legten ihr Gesuch den evangelischen Ständen vor.

Während nun diese Sache in Regensburg beraten und verhandelt wurde, war man im Salzburgischen beschäftigt, genau zu erkunden, wer alles die lutherische Religion angenommen habe. Man fragte jeden Einzelnen in Güte, ob er papistisch, lutherisch oder reformiert sei; denn diese drei Religionen würden von dem Kaiser beschützt. Da bekannten sich denn zum nicht geringen Schrecken der katholischen Machthaber über 19,000 Seelen zum lutherischen Glauben. Ihre Namen wurden alle aufgeschrieben, ihr Vermögen genau verzeichnet und alles nach Hofe geschickt. Das geschah während des Juli 1731. Nachdem dieser Stand der Dinge offenbar geworden, fing man noch viel schärfer wider die Ketzer zu predigen an und verdammte die evangelische Lehre als Ketzerei. Man verfluchte ihre Bücher, die sie lasen, und vermaledeite Luther und alle, die seiner Lehre anhingen. In allen Predigten war nichts als Schmähen, Fluchen und Lästern zu hören. Da das nicht aufhören wollte, fingen die Lutherischen an, einer nach dem andern mitten unter solcher Predigt zum Tempel hinauszugehen, und setzten von da an keinen Fuß mehr in eine katholische Kirche, sondern kamen in ihren Häusern zusammen und erbauten sich unter einander. Die Pfaffen wetterten, die Obrigkeit drohte, man verbot ihre Zusammenkünfte; alles vergeblich. Nun gingen die Priester in die Häuser; sagten, außer der katholischen Kirche sei keine Seligkeit zu hoffen; der Papst würde sie in den Bann thun; man würde sie nackt und bloß aus dem Lande jagen, sie in die Gefängnisse werfen, ja noch härter mit ihnen verfahren, wenn sie nicht umkehrten und Ablaß erwürben. Man stellte ihnen Himmel und Hölle vor, um sie auf andere Gedanken zu bringen. Aber so viel ich erfahren habe, ließ sich auch nicht ein einziger wankend machen.

Unter diesen Umständen war dem Erzbischof nicht sehr wohl zu Mute. Er sandte in größter Eile nach Wien und erbat sich vom Kaiser einige Regimenter Soldaten, weil, wie er berichten ließ, in seinem Lande die Ketzer in offener Rebellion sich wider ihn erhoben hätten, wiewohl alles sich in tiefster Ruhe befand. Der Kaiser willfahrte sofort und erließ ein Manifest, worin die salzburgischen Lutheraner von der vermeintlich schon begonnenen Empörung alsbald abzustehen ermahnt wurden. Diese aber ließen am 18. September 1731 ein Schreiben ausgehen, worin sie sich gegen diese und andere erdichtete, zum Teil abgeschmackte Beschuldigungen verteidigten. Schon Anfangs September waren 1,000 Mann Fußvolk aus dem Österreichischen eingerückt, und vier Wochen später kamen noch das Dragonerregiment des Prinzen Eugen und andere hinzu, so daß jetzt beinahe 6,000 Mann im Salzburgischen einquartiert waren. Diese alle legte man den Evangelischen in die Häuser, und wer am meisten Vermögen hatte, bekam die meisten Soldaten, so daß mancher Wirt 50 Soldaten zu füttern hatte. Welche Quälereien diese wilden Horden übten, will ich nicht weiter beschreiben. Es meldeten sich auch viele junge Bauern aus dem Salzburgischen, zu welchen auch unser Kalcher zählte, freiwillig zum Dienst, um wider die Ketzer zu fechten, und diese trieben es noch toller als selbst die kaiserlichen Säbelträger. Besonders schwer hatte das arme Weibervolk von ihnen zu leiden.

Mein Stiefvater Kronberger war samt meiner Mutter seit einigen Jahren auch zur Erkenntnis der Wahrheit gekommen. Er wurde, weil auch er jene Vollmachten unterschrieben hatte, als zweiundsiebzigjähriger Greis ergriffen und mit noch einem

andern Bekenner in ein so enges, finsteres Loch geworfen, daß
sie nicht neben, sondern über einander zu liegen kamen. Seine
Füße hatte man so hart gefesselt, daß sie schrecklich aufschwollen
und in kurzem der kalte Brand dazu schlug. So mußte der alte
Mann elendiglich umkommen, und sein Genosse wäre fast auf
dem verwesenden Leichnam erstickt. Meine Mutter tötete bald
darauf der Jammer. Nun stand meine Halbschwester Josephine
in ihrem fünfundzwanzigsten Jahre ganz allein. Da brach
ein frecher Haufe von diesen jungen Bauern, die gern Soldat
spielen wollten, eines Abends plötzlich in ihre Wohnung ein,
und einer von ihnen that ihr Gewalt an. Sie kannte ihn
nicht und hat ihn nie wieder gesehen. Unterwegs auf dem
Schiff gebar sie einen Sohn und starb, noch ehe wir die
Küste dieses Abendlandes erreicht hatten. Dieser Sohn bist
du, Jochem.

Ich hatte, Gott sei ewig Lob und Dank dafür! schon auf
der Universität in Salzburg Licht gefunden. Mir kam nämlich
gleich im ersten Jahr auf der Bibliothek eine Bibel zu Handen.
Verstohlen und mit zitternden Gliedern las ich darin Tag und
Nacht. Da fiel es mir wie Schuppen von den Augen, daß ich
mit Schauder den Greuel des Papsttums erkannte. Um meines Glaubens nun leben zu können, gab ich das Priesterwerden
auf, verließ die Universität und schloß mich an meine Glaubensgenossen an. Ich forschte unablässig in allen Schriften Luthers,
deren ich habhaft werden konnte, und anderer evangelischer
Lehrer, und weil ich etwas gelernt hatte, mußte ich in unsern
erbaulichen Versammlungen den Vorleser machen und hin und
her in den Häusern die Kinder im Lesen, Schreiben und kleinen
Katechismus unterrichten; daher mein Titel Schulmeister.
Am 15. September 1731 wurde ich plötzlich aus dem Bett
gerissen, an den Füßen gefesselt und in Salzburg hoch oben auf

dem Felsenberge in die Festung geworfen. Meine Zelle, die sich in der südöstlichen Ecke der Festung befand, wo von der Tiefe herauf das Plätschern der Salza zu mir drang, war so feucht und dumpfig, daß meine Augen in den vierzehn Tagen, welche ich darin zubringen mußte, auf Lebenszeit verdorben und meine Glieder von einer solchen Gicht ergriffen wurden, daß mein Rücken, wohin nachher alles sich zog, bis auf den heutigen Tag gebeugt und steif ist. Meine Füße schwollen von der Kette so sehr auf, daß der eine meiner Wärter Mitleid mit mir fühlte und mir immer heimlich während der Nacht die Eisen abnahm. Indes die andern Wärter mich schlimmer als ein Stück Vieh behandelten und es ihnen auf ein paar mir versetzte Kolbenstöße und Fußtritte mehr oder weniger nicht ankam, schien dieser, Veit Loßleben war sein Name, immer mehr und mehr sich zu mir gezogen zu fühlen und unterredete sich gern mit mir. Ich hatte, wie es einem rechten Lutheraner geziemt, nichts Dringenderes mit diesem armen Menschen zu reden als von seinem Heiland und dessen Wort. Gott gab Gnade; der Herr Christus eroberte auch sein Herz und nun beschloß er, seine Glaubensbrüder nicht länger peinigen zu helfen, sondern diesen seinen Dienst verlassen und offen seinen Glauben zu bekennen. Gern hätte er aus herzlicher Dankbarkeit nun auch mich aus dieser Vorhölle mit sich genommen. Allein es wäre unmöglich gewesen, mich durch alle endlosen Gänge und den unzähligen Wachen vorbei unerkannt ins Freie zu führen. Wir verabredeten daher einen andern Plan. Ich sollte, während er die Wache an meiner Zelle habe, durchs Gitterloch entschlüpfen und er, wenn seine Stunden um seien, aus Salzburg sich auf und davon machen. Er wußte mir zu dem Ende eine Feile und einen langen Strick zu verschaffen. In der Nacht des 30. September nun kam die Runde wieder an ihn. Während er, nachdem meine Ketten abgenommen und die Thür wieder verschlossen war, recht geräuschvoll vor meiner Zelle auf und ab ging und ein lustiges Lied gedämpft dazu brummte, um einen etwaigen Lärm, den ich machen würde, zu übertäuben, begab ich mich eiligst und entschlossen ans Werk. Ich feilte, indem ich fast die ganze Nacht anstrengend arbeitete, eine Anzahl von den Eisenstäben in meinem Gitterfenster, das sich nach der Salza öffnete, durch, hängte den Strick, nachdem ich das eine Ende inwendig befestigt hatte, hinaus und zwängte mich, als schon die ersten Strahlen der Morgenröte heraufglühten, durch das Loch. Langsam ließ ich mich am Seil hinunter, wobei ich den ganzen Rest meiner Kraft aufwenden mußte. Aber wer beschreibt meinen Schrecken, als ich erkannte, daß der Strick zu kurz war, was ich in meiner Eile und Aufregung vorher gar nicht überlegt hatte. Er reichte nicht einmal bis an den Grund der Festungsmauer und von da fiel der Felsen noch einige zwanzig Fuß fast senkrecht hinunter. Da hing ich nun am Ende meines Seils in der Mitte zwischen meiner Zelle und dem Wasserspiegel der Salza und fühlte mit jedem Augenblick meine Kraft mehr dahinschwinden. Menschen durfte ich nicht um Hülfe rufen, sonst wäre ich verloren gewesen. Ich entschloß mich also rasch, befahl mich in die Hand meines Heilandes und ließ mich los. Ich rollte und rutschte den Felsabhang hinunter und blieb im Gestrüpp am Ufer der Salza hangen. Aus vielen Schrammen und klaffenden Rissen floß das Blut. Ich warf mich in die Wellen, schwamm hinüber und lief in südwestlicher Richtung, wo keine Häuser mehr standen, über die Hügel davon und in den Wald hinein. Ich hatte noch keine halbe Stunde gelaufen, als ich vor Aufregung, Blutverlust und Erschöpfung ohnmächtig zur Erde sank. Da ich wieder erwachte, lag ich in einem Bette. Es war im Walde die Wohnung eines armen Holzhauers, Namens Dietrich Brandt, der in seiner stillen, verborgenen Einsamkeit samt seinem fleißigen Weibe ebenfalls dem lutherischen Glauben zugethan war. Früh morgens hatte er sich aufgemacht, um an seine Arbeit zu gehen, und hatte mich auf seinem Wege in bewußtlosem Zustande gefunden. In der richtigen Vermutung, einen gehetzten Glaubensgenossen in mir zu treffen, hatte er mich mit Freuden auf seine starken Achseln geladen und nach Hause getragen, wo er und seine besorgte Gattin alles aufgewendet, mich ins Leben zurückzurufen. Groß, fast kindlich war ihre Freude, als ich nun meine Augen wieder aufschlug, und mit inniger Teilnahme lauschten sie der Erzählung meiner Schicksale. Fünf Tage verpflegten sie mich aufs liebreichste. Dann fühlte ich mich wieder stark genug, meine Flucht fortzusetzen. Nachdem sie mich nun noch trotz meines Sträubens mit den besten Kleidern, die sie im Hause hatten — ich glaube, es war der Sonntagsanzug des Mannes — und mit einem ganzen Bündel Reisekost versehen, nahm ich mit Thränen des Dankes und der Wehmut von diesen trauten Leuten Abschied und setzte meinen Wanderstab weiter, bis ich endlich nach vielen Mühsalen, Gefahren und Umwegen in Augsburg anlangte.

Mittlerweile waren einige Bauernknechte und Soldaten bei meiner armen Frau, einer Base der Witwe Rahn, in die Wohnung eingefallen und hatten fluchend von ihr Bekehrung zum katholischen Glauben verlangt; auf ihre standhafte Weigerung aber ihr gedroht, sie zur Unterwerfung unter ihre Begierden zu zwingen. In ihrer schrecklichen Angst war sie, um diesen Bestien, die schon auf sie eindrangen, zu entgehen, in unsern glühenden Backofen gekrochen. Zwar rissen die Unholde sie wieder heraus, allein sie war doch so sehr versengt, daß sie nach zwei Tagen den Geist aufgab. Seitdem pilgere ich armer Krüppel allein durch die Welt; nur mein Heiland ist bei mir; den haben sie nicht umgebracht."

Thränen erstickten die Stimme des alten Schulmeisters, und in tiefer Bewegung schwieg er einige Augenblicke still. Seine Zuhörer, besonders Andres, wischten schweigend ihre Augen.

„Kinder!" rief er dann feierlich, und seine fast blinden alten Augen glänzten, „Kinder! ihr wißt nicht, welch eine unaussprechliche Wohlthat ihr genießt, daß ihr hier in Amerika von Menschen in eurem Glauben frei seid! Balgt euch in diesen Wildnissen willig euer ganzes Leben lang mit den Wölfen, Luchsen und Schlangen herum, ringt in saurem Schweiße des Angesichts dem Boden eure notdürftige Nahrung ab ohne Murren, ja esset euer trockenes Brot, wenn's Gott so will, bis an euer Grab mit Freuden! Könnt ihr doch frei, wie der Vogel in der Luft, euren Gott preisen im rechten, reinen Glauben und ihm lobsingen aus voller Brust an der offenen Sonne, und kein Mensch auf dem Erdboden, er heiße Papst oder Erzbischof, Kaiser oder Scherge, hat hier ein Recht, euch drein zu reden, wenn ihr unwandelbar nach Gottes reinem Worte glaubt und lebt. Danket, danket eurem Gott für das goldene Gut der Gewissensfreiheit mit Wort und That und mißbraucht diese Freiheit, indem ihr sie als Freiheit des Fleisches ansehet, niemals! Laßt euch nie von Menschen knechten, aber bleibet mit Leib und Seele Jesu Knechte, die ihm und ihm allein aufs Wort folgen! Wollt ihr das?"

„Ja, das wollen wir in der Kraft des Herrn!" rief Andres, indem er aufsprang und seine Hand in die Rechte des Greises einschlug. Jochem aber und seiner Frau stürzten die

Thränen der Scham über die Wangen, und ihre Antwort war nur ein tiefes Schluchzen.

„Obwohl nun," fuhr der schonende Onkel nach einer Pause fort, „die evangelischen Stände auf die Bittschrift jener Gesandtschaft von salzburgischen Lutheranern hin bei dem Kaiser sowohl als bei dem Erzbischof schriftlich ausführliche Vorstellungen machten unter Berufung auf die Bestimmungen des Augsburger Religionsfriedens und des westfälischen Friedensschlusses, so blieben ihre Bemühungen doch gänzlich ohne Erfolg, und am 31. Oktober 1731 — ein wahrer Hohn auf das Reformationsfest! — ließ der Erzbischof Leopold ein Mandat ausgehen und an allen öffentlichen Orten vorlesen und anschlagen, daß alle diejenigen, welche nicht ungesäumt zur katholischen Religion zurückkehren würden, alsbald aus dem Lande weichen sollten. Nun war das Urteil gesprochen, und die große Auswanderung begann. Doch davon weiter das nächste Mal."

Viertes Kapitel.

„In dem Mandat des Erzbischofs," so hob unser Freund am vierten Abend den Schluß seiner Erzählung an, „war bestimmt, daß die angesessenen Lutheraner in drei bis vier Monaten, die unangesessenen in acht Tagen das Land räumen sollten. Die wenigsten nun konnten sich im Ernst überreden, daß sie wirklich so geschwind würden davon müssen; denn der Winter fiel bereits stark herein. Sie hofften bis zum Frühling wenigstens Zeit zu haben, um erst ihre Güter verkaufen zu können, da sie wußten, daß im westfälischen Frieden solchen Emigranten brei Jahre Zeit gestattet war. Daher blieben alle noch in guter Ruhe und besorgten nichts. Sie gingen nach wie vor an ihre Arbeit und dachten nicht daran, ihre Sachen in Ordnung zu bringen. Aber unvermutet brachten die Dragoner des Prinzen Eugen die Auswanderung in den Gang. Am 24. November nämlich kamen zwei Kompagnien nach St. Johannis gegesprengt und trieben die unangesessenen Lutheraner mit Gewalt fort. Wo sie jemand antrafen, es mochte sein im Felde oder im Walde, auf der Straße oder im Hause, so mußte er augenblicklich von bannen. Keinem wurde vergönnt, etwas aus dem Hause zu holen. Was jeder am Leibe trug und bei sich hatte, das nahm er mit sich. Kinder konnten von ihren Eltern nicht erst Abschied nehmen; Knechte und Mägde hatten nicht so viel Zeit, daß sie ihren Lohn einfordern oder ihre Kleider holen konnten. Männer wußten oft nicht, wo ihre Weiber geblieben waren, und diese nicht, wo sie jene suchen sollten. Diejenigen weren noch am besten baran, welche der Überfall zu Hause antraf, weil sie noch ihr sauer erworbenes Geld zu sich stecken konnten. Man brachte sie nach Salzburg, wo sie Pässe empfangen sollten, um sich dann alsbald über die Grenze zu heben.

So kamen die Dragoner bis gegen Weihnachten Tag für Tag mit Evangelischen aus allen Gegenden des Salzburgischen nach der Hauptstadt geschleppt, getrieben und geflucht; am 17. Dezember allein brachte man auf einmal 470 Personen, am folgenden Tage aus Saalfelden 150 nach Salzburg, welche man mit Gewalt von Haus und Hof fortgetrieben hatte, ohne diejenigen, welche freiwillig mitgingen. Denn Brüder ließen von ihren Schwestern nicht, Kinder liefen ihren Eltern nach, und ein Verwandter und Bekannter begleitete den andern. Auch einige bis dahin katholische Männer und Weiber sollen, durch die Glaubensfreudigkeit dieser Märtyrer hingerissen und überwunden, sich ihnen angeschlossen haben. Ja ganze Dörfer, sagt man, waren willens, auszuwandern und alles Ihrige mit dem Rücken anzusehen. Die heldenmütige Begeisterung, die alles Irdische verachtende Lust, um des Glaubens willen ins Elend zu gehen, steckte, wie es schien, an und griff wie eine Flut so sehr um sich, daß die Dragoner endlich mit ihren Säbeln drein hieben und stachen, um diejenigen, die man nicht mitnehmen wollte, in ihre Heimat zurückzutreiben, sonst hätten ganze Flecken und Gegenden sich von Menschen entleert. Doch in Salzburg angekommen, mußten noch wieder ganze Scharen, mit Ketten und Banden belastet, als Rebellen in die Gefängnisse wandern. Ein Haufe von Lutherischen, bestehend aus 600 Männern, Weibern und Kindern, wagte es, durch ein benachbartes Land zu ziehen, ohne erst Pässe von Salzburg geholt zu haben. Sie wurden aber angehalten, gefangen genommen und nach Salzburg zurückgeschickt, wo die meisten von ihnen gleichfalls das Thränenbrot des Kerkers essen mußten, weil sie dem Erzbischof ungehorsam gewesen seien.

So lange nun die täglich hereingebrachten Hunderte von Vertriebenen in der Hauptstadt sich aufzuhalten genötigt waren, gab man ihnen von Seiten der Behörden auch nicht einen Bissen Brot; wer noch einige Groschen besaß, mußte nicht nur sich selbst und die Seinigen ernähren, sondern auch andern, die von allen Mitteln entblößt waren, mitteilen, so lange sein Vorrat anhielt, was sie freilich alle gern thaten. Ihre Herberge gaben Scheuern und Ställe ab. Auf allen Seiten, wo sie sich nur blicken ließen, wurden sie von den Römischen, die es für eine Sünde hielten, diesen Ketzern etwas Gutes zu erweisen, verhöhnt und mißhandelt. Andere hätten ihnen freilich gern geholfen, fürchteten sich aber, dadurch selbst in den Geruch der

Ketzerei zu geraten und dem eigenen Haupte Unglück zuzuziehen. So waren sie von allen verlassen, niemand wollte oder unterstand sich, ihrer sich anzunehmen. Dennoch blieben sie freudig und standhaft; nur sechsunddreißig Personen wurden kleinmütig und kehrten zur katholischen Kirche zurück, und es wären gewiß nicht einmal so viel gewesen, wenn man sie nicht geschwind von den andern abgesondert und dadurch der brüderlichen Bestrafung und Ermahnung entzogen hätte.

So wanderten denn diese Bekenner in Haufen von Hunderten und Fünfzigen nackt und elend, mitten im Winter, unter Hunger und Frost, Regen und Schnee, Verleumdung und Mißhandlung aller Art über die Grenze aus ihrem Vaterlande, wo die Wiege ihrer Kindheit gestanden hatte und ihre Vorfahren begraben lagen, hinaus, um eine Heimat zu suchen, wo sie ihren Heiland frei bekennen und ihm öffentlich dienen könnten. Die einen wandten sich nach Preußen und Brandenburg, die andern nach Württemberg und Baden, noch andere nach Augsburg, Schwaben, Holland und England. Überall aber, wo sie durchzogen oder hinkamen, fanden sie durch die vorsorgende Güte ihres himmlischen Vaters bei ihren Glaubensgenossen das innigste Mitleiden, das liebreichste Entgegenkommen und die freundlichste Verpflegung. Wahrlich, es ging an ihnen, wie sie auch mit dem lebhaftesten Dank erkannten, sichtbar und handgreiflich in Erfüllung das Wort des Herrn: „Ich will dich nicht verlassen noch versäumen." Nicht nur lutherische Pastoren mit ihren Herden, sondern auch Fürsten, Professoren und Studenten wetteiferten mit einander in Wohlthaten gegen die armen Vertriebenen. Die Stadtväter von Frankfurt a. M. zum Beispiel gingen ihnen entgegen vor die Stadt hinaus, empfingen sie mit offenen Armen und Thränen in den Augen und hießen sie aufs herzlichste willkommen. Dann marschierten sie mit den Ankömmlingen zwei und zwei in die Stadt hinein, wobei die Salzburger unter andern das unübertreffliche Siegeslied der lutherischen Kirche: „Ein' feste Burg ist unser Gott," worein ihre Begleitung und bald die halbe Stadt miteinstimmte, und das unzählig oft geseufzte Exulantenlied des seligen Joseph Schaitberger sangen."

„O wie heißt das Exulantenlied?" unterbrach Andres lebhaft. „Könnt Ihr es, Großvater, oder habt Ihr es geschrieben oder gedruckt?"

„Ich kann es noch," gab der Alte freundlich zur Antwort, „da ich es so oft unter vielen Thränen selbst mitgesungen habe, und werde es bis an mein Grab nicht vergessen. Wenn ihr es hören wollt, es lautet so:

> Ich bin ein armer Exulant,
> Also muß ich mich schreiben;
> Man thut mich aus dem Vaterland
> Um Gottes Wort vertreiben.
>
> Doch weiß ich wohl, Herr Jesu mein,
> Es ist dir auch so gangen.
> Jetzt soll ich dein Nachfolger sein;
> Mach's, Herr, nach dein'm Verlangen.
>
> Ein Pilgrim bin ich auch nunmehr,
> Muß reisen fremde Straßen;
> Drum bitt' ich dich, mein Gott und Herr,
> Du wollst mich nicht verlassen.
>
> Ach steh mir bei, du starker Gott!
> Dir hab' ich mich ergeben.
> Verlaß mich nicht in meiner Not,
> Wenn's kosten soll mein Leben.

Den Glauben hab' ich frei bekennt,
　Des darf ich mich nicht schämen;
Ob man mich einen Ketzer nennt
　Und thut mirs Leben nehmen.

Ob mir der Satan und die Welt
　All mein Vermögen rauben,
Wenn ich nur diesen Schatz behalt':
　Gott und den rechten Glauben.

Herr, wie du willst, ich geb' mich drein,
　Bei dir will ich verbleiben.
Ich will mich gern dem Willen dein
　Geduldig unterschreiben.

Muß ich gleich in das Elend fort,
　So will ich mich nicht wehren;
Ich hoffe doch, Gott wird mir dort
　Auch gute Freund' bescheren.

Nun will ich fort in Gottes Nam',
　Alles ist mir genommen.
Doch weiß ich schon, die Himmelskron'
　Werd' ich einmal bekommen.

So geh' ich heut' von meinem Haus,
　Die Kinder muß ich lassen —
Mein Gott, das treibt mir Thränen aus! —,
　Zu wandern fremde Straßen.

Ach führ mich, Gott, in eine Stadt,
　Wo ich dein Wort kann haben.
Damit will ich mich früh und spat
　In meinem Herzen laben.

Soll ich in diesem Jammerthal
　Noch lang in Armut leben:
Gott wird mir dort im Himmelssaal
　Ein' beßre Wohnung geben.

„Während dieser Zeit nun," fuhr der alte Schulmeister fort, nachdem Andres sich das Exulantenlied, so gut es in der Dämmerung ging, aufgeschrieben, „hatte Gottes Vorsorge schon Mittel und Wege gefunden, einen Teil dieser vertriebenen Salzburger über das große Meer zu bringen und ihnen hier eine Heimstätte zu bereiten. Im Jahre 1732 nämlich hatte Karl II. von England einundzwanzig Edelleuten einen Charter gewährt, wodurch diese zu einer Gesellschaft gemacht wurden unter dem Namen: „Trustees zur Besiedelung der Kolonie Georgia in Amerika." Der Zweck derselben war, nicht nur für arme Einwohner Groß=Britanniens, sondern auch für die bedrängten Salzburger und andere Protestanten eine Zufluchtsstätte zu schaffen. Diese Kolonie Georgia wurde gegründet von dem wohlwollenden General James Oglethorpe, welcher mit der ersten Schar englischer Auswanderer am 20. Januar 1733 den Grund zur Stadt Savannah legte.

Die schon bestehende englische Missionsgesellschaft nun, genannt „die Gesellschaft zur Ausbreitung christlicher Erkenntnis," setzte sich alsbald mit diesen „Trustees" in Verbindung, um Salzburger nach Georgia zu bringen. Man erkundigte sich sogleich brieflich bei Pastoren in verschiedenen Teilen Deutschlands, ob von den Verfolgten welche willig sein würden, auszuwandern, und es ergab sich, daß Hunderte nicht nur willig waren, sondern mit Begierde diesen Gedanken ergriffen. Nun ließen die „Trustees" im Dezember 1732 eine Einladung zur Auswanderung an fünfzig salzburgische Familien ergehen, und die Missionsgesellschaft erbot sich, ihre Reisekosten von Deutschland nach Rotterdam zu tragen und die Mittel zur Unterhaltung eines Pastors und eines Katecheten unter ihnen zu beschaffen. So kam denn der erste Transport von Salzburgern, bestehend aus zweiundvierzig Mann mit ihren Familien, im ganzen achtundsiebzig Personen, zu denen unter andern auch Rahns, Kirschners, Steinbachs, die Maurers, Zublis, Lackners, Steiners, Flerls, meine Schwester und ich gehörten, in Rotterdam zusammen. Das geschah durch die rastlose Thätigkeit und selbstverleugnende Bemühung des ehrwürdigen Samuel Urlsperger, des lutherischen Pastors zu St. Anna in Augsburg, der wie ein Vater für uns sorgte und bis auf den heutigen Tag mit hingebender Liebe für unser zeitliches und ewiges Wohl gearbeitet, gewacht und gebetet hat. Hier in Rotterdam stießen auch die Pastoren Johann Martin Bolzius und Israel Christian Gronau zu uns, um mit uns als unsere geistlichen Hirten in die Wildnis zu ziehen, nachdem sie beide zu diesem Zwecke ihre gewinnreiche und ehrenvolle Stellung als Lehrer im Waisenhause zu Halle verlassen hatten. Von Rotterdam ging es nach Dover in England und von da am 28. Dezember 1733 mit dem Schiff „Purisburg" auf das weite Meer hinaus. Zum Abschied wurde noch ein feierliches Gottesdienst gehalten, bei welchem Pastor Bolzius predigte über Jes. 49, 10: „Sie werden weder hungern noch dürsten, sie wird keine Hitze noch Sonne stechen; denn ihr Erbarmer wird sie führen und wird sie an die Wasserquellen leiten." Nachdem der Segen gesprochen war, entfaltete die „Purisburg" ihre Segel und wir schwammen dahin, und die Küsten der alten Welt schwanden allmählich aus unsern Augen. Thränen rollten über unsere Wangen; doch waren es Thränen mehr der Freude und des Danks als der Trauer.

Alles war auf dem niegesehenen Meere für uns neu, und ungewohnte Empfindungen erfüllten die ersten Tage unsre Herzen, da wir so allein unter dem weiten Himmel auf der grenzenlosen Wasserfläche in einer Nußschale umhergeworfen wurden. Zwar erkrankten viele, einige Kinder starben und beiner Mutter, Jochem, mußten wir, wie ich schon gesagt, ein Grab in den Wellen geben. Im übrigen aber ging unsre Fahrt glücklich von statten. Im Anfang des März 1734 erreichten wir Charleston, wo uns General Oglethorpe begegnete, der eben wieder nach England wollte, um mehr Ansiedler anzuwerben. Sobald er von unserer Ankunft gehört, gab er seine Reise auf und kehrte nach Georgia zurück, um Anstalten zu einer vorteilhaften Niederlassung für uns zu treffen. Am 11. März gelangten wir in den Savannahfluß, es war grade der Sonntag Reminiscere. Während wir langsam am Ufer unsers lieben Georgia hinaufschwammen, wurden alle Herzen bei dem prächtigen Frühlingswetter und dem fröhlichen Gesang der Vögel rund um uns her von dankbarer Freude erhoben, und es war uns erbaulich, daß wir Verfolgten grade heute an das Ufer unserer künftigen Heimat gelangten, da das Evangelium uns erzählt, daß der Herr Christus an die Meeresküste entwich, nachdem er von seinen Landsleuten Verfolgung ausgestanden hatte. Wir beschlossen, diesen Tag künftig als einen Danktag zu feiern, was ja auch bis heute geschehen ist.

Am Montag erreichten wir Savannah, wo wir mit einigen Kanonenschüssen begrüßt und von der ganzen versammelten Einwohnerschaft und einer Menge Indianer mit freundlichem Händeschütteln empfangen wurden. Oglethorpe, der uns hier in Empfang nahm und aufs freundlichste für unsre einstweilige Unterkunft sorgte, stellte uns nun im Namen und Auftrag der „Trustees" den Ort unserer Ansiedelung in unsre eigene Wahl. Es wurde daher zunächst ein Ausschuß aus unsern verständigsten Männern mit dem General und Pastor Gronau, von etlichen Indianern begleitet, ausgesandt, das benachbarte Land zu erforschen und eine Gegend, nicht unähnlich unserer salzburgischen Heimat, für unsere Niederlassung auszuwählen. Diese

Männer drangen also in das Innere des Landes vor und streiften wohl einige dreißig oder vierzig Meilen umher, bis sie hier oben am Ebenezerfluß ankamen, wo den allermeisten die Gegend sogleich sehr gefiel. Wie sie diese ihre Unternehmung mit herzlichem Gebet angetreten hatten, so knieten sie nun auch, da das Ziel derselben glücklich erreicht war, am Ufer des Flusses nieder und dankten Gott für seine Güte und Freundlichkeit. Nachdem sie noch ein Danklied gesungen, richteten sie, wie einst Samuel nach dem Siege Israels wider die Philister, einen großen Stein auf und nannten den Ort „Ebenezer", das ist, Fels des Heils, und sprachen wie der Prophet:. „Bis hieher hat uns der Herr geholfen!"

Oglethorpe begann nun sofort, die Ansiedelung abzumarken und zwar nach dem Versprechen der „Trustees" für jeden Hausvater drei Lots, eins zu Haus und Hof im Städtchen selbst, eins zu einem Garten nahe dabei und ein drittes größeres zur Bebauung eine kleine Strecke von dem künftigen Städtchen entfernt. Dieser Grundbesitz sollte einem jeden für sich und seine Nachkommen zum freien Eigentum geschenkt sein. Nachdem dann diese Männer nebst einigen Arbeitern, die der General ihnen nach seiner Rückkunft von Savannah zu Hülfe schickte, unter Aufsicht und Anweisung des Pastor Gronau ein paar Wochen eifrig an der Klärung des Landes und Aufrichtung vorläufiger Wohnungen aus Blöcken, Gesträuch, Laub und Lehm gearbeitet hatten, begab sich unser ganzes Heer auf den Weg und zog mit lautem Jubel und Lobpreis in seine neue Heimat ein. Jetzt endlich hatten wir Ruhe und eine Zufluchtsstätte gefunden, wo der Arm der Feinde unseres Heilandes uns nicht mehr erreichen konnte.

Allerdings mußten wir die erste Zeit mit rastloser Anstrengung arbeiten; Kinder sowohl als Alte, Weiber sowohl als

Männer, alles mußte mit Hand, auslegen und ausroden, umgraben, Holz hauen, säen und pflanzen helfen. Große Entbehrungen hatten wir zu tragen, ehe die erste Ernte eingeheimst werden konnte; nicht selten waren wir gezwungen, von Fischen und Wildpret, wie die Indianer, zu leben. Dazu war das Baumaterial rar und sehr schwer zu beschaffen; fast gar keine Zimmerleute fanden sich unter uns; wir hatten weder Säge- noch Mahlmühle, kein Boot noch anderes Fuhrwerk, so daß wir die notwendigsten Dinge des Haushalts die fünfundzwanzig Meilen von Savannah auf dem Rücken herzutragen genötigt waren. Erst nach sieben Jahren kam der erste Pflug nach Ebenezer; bis dahin mußte alles mit Schaufel und Karst bearbeitet werden. Unter etwas Korn, das von Pennsylvanien hergebracht war, hatte eines Tages Frau Rahn ein Weizenkörnchen gefunden; das hob sie sorgfältig auf und pflanzte es. Daraus wuchsen zu unsrer hellen Freude zehn volle Ähren, so daß sie nun andern einige Körnchen zum Aussäen mitteilen konnte. Dazu schenkte dann General Oglethorpe noch zwei Buschel, und so fing der Weizenbau bei uns an. Auch warfen Fieber und allerlei andere Krankheiten des neuen, ungewohnten Klimas eine große Anzahl auf das Siechbett, ja räumten unter unsrer kleinen Herde in bedenklicher Weise auf, wie die Kreuze auf unserm Gottesacker am Strome beweisen. Aber das alles haben wir gern über uns ergehen lassen und wären willig gewesen, wenn es Gott gefallen hätte, noch mehr zu tragen, konnten wir doch frei unsern Heiland bekennen, den vollen Segen des öffentlich gepredigten Wortes genießen und unsre Kinder aufziehen in der Zucht und Vermahnung zum Herrn. Wir waren immer zufrieden, wie ein Kind im Schoße der Mutter, und ich habe niemals von einem Salzburger gewußt, der es irgendwie bereut hätte, hierher gekommen zu sein.

Einem Fremden aber, der nicht gewillt war, sich zur Kirche zu halten, gab der fromme Oglethorpe die Erlaubnis gar nicht, sich hier anzusiedeln.

Im Beginn des Jahres 1735 kam ein zweiter Transport von Salzburgern, zu welcher auch unser Kalcher, der mittlerweile lutherisch geworden war, mit seiner hochherzigen Frau zählte, in Ebenezer an. Unter diesen fanden sich nun mehrere Schreiner und andere Handwerksleute, die uns von großem Nutzen waren. Als unser Gotteshaus galt bis dahin nur eine ganz unfertige, große hölzerne Bude. Diese wurde jetzt vor allen Dingen ausgebessert und etwas würdiger hergerichtet.

Im Februar 1736 wurden wir durch eine dritte große Schar ausgewanderter Salzburger und anderer Deutschen verstärkt, die wir mit großer Freude begrüßten. Nun aber besprachen sich unsre Pastoren mit General Oglethorpe, ob es nicht gut sei, das Städtchen an einen andern Ort zu verlegen, da eine große Unzufriedenheit unter den Einwohnern Platz gegriffen habe über die Unfruchtbarkeit des Bodens, der durch allen auf dem Rücken hinausgetragenen Dünger nicht ergiebiger wurde, über die Ungesundheit der Gegend und die Unschiffbarkeit des Ebenezerflusses, der sich in ganz außerordentlich wunderlichen und weitschweifigen Krümmungen träge durch das Land windet, bis er endlich in den Savannah fällt. Der General riet ihnen ab, stellte jedoch die Sache in ihren Wunsch und Willen. Wir hielten einen Rat und entschlossen uns zum Umzug, und so entstand unser jetziges Ebenezer hier am Ufer des Savannah, nachdem wir dort am Ebenezerfluß zwei Jahre kümmerlich zugebracht hatten. Hier wurden, weil unsre schwachen Kräfte noch nicht weiter reichten, nebst den notdürftigen Wohnungen für unsre Familien eine Kleinkinderschule und eine Heimat für Witwen und Waisen errichtet, in welcher letzteren wir vorläufig unsre Gottesdienste abzuhalten pflegten, bis uns Gott fünf Jahre später hier die Jerusalems-Kirche und zu gleicher Zeit unten in Gosen, das nun auch bereits von Salzburgern gegründet war, die Zions-Kirche schenkte.

So wuchs Ebenezer heran zu einem kleinen Reich für sich mitten in der Wildnis, wo es auf allen Seiten von den Horden der Indianer umgeben war, die aber stets mit uns auf freundschaftlichem Fuße lebten, da sie in Ebenezer beständig eine Behandlung erfuhren, die aus der christlichen Nächstenliebe fließt, obwohl sie nicht selten so dreist waren, daß sie mit ihren Pferden in unsrem Korn und Bohnen herumritten, die Stricke in den Ställen zerschnitten, Milch und Butter stahlen, Schweine erschossen, das Rindvieh verjagten, die Hemden vom Waschzuber und vom Zaun wegholten, Hausgeräte forttrugen, die Obstbäume plünderten und dergleichen Unfug mehr trieben. Die Pastoren und Ältesten der Gemeine machten in diesem unsrem Reich die Obrigkeit aus, die stets mit solcher Weisheit, Milde und Gerechtigkeit alle vorfallenden Streitigkeiten schlichteten, daß immer beide Parteien bei ihrem Urteil stehen blieben und sich zufrieden gaben. Ganz Ebenezer war gleichsam nur eine große Familie, deren Väter mit dem Stabe des Wortes Gottes alles leiteten, und Faulenzer, Säufer und anderes schlechtes Gesindel gab es nicht unter uns. O wäre das immer so geblieben! Aber Gott sei es geklagt, es geht schon bergab.

Am 11. Januar 1745 jedoch suchte uns der Herr schwer heim, indem er unsern geliebten Hirten Gronau, der bis dahin in Ermangelung eines eigenen Lehrers sich auch unserer Schule so treulich und mit aufopfernder Liebe angenommen hatte, durch den Tod aus unserer Mitte riß. Ein Jahr zuvor schon hatte er sich auf einem regnichten Tage auf der Reise nach Savannah, wo er einigen Deutschen predigen wollte, arg erkältet, wovon er sich nie völlig wieder erholte. Die letzten sechs Wochen seines Lebens quälte ihn ein beständiges Fieber, doch sein Herz blieb vergnügt; denn seine Seele lebte in ununterbrochenem Umgang mit seinem Heiland. Zuletzt hob er seine Hand zum Lobe Gottes in die Höhe und bat seinen Wärter, sie ihm in dieser Stellung einen Augenblick zu halten, weil er zu schwach sei. Als dies geschah, rief er: „Komm, Herr Jesu! Amen! Amen!" Damit schloß er seine Lippen und Augen und war daheim. Pastor Bolzius, dem der Verlust dieses seines geliebten Mitarbeiters sehr zu Herzen ging, schrieb sofort nach Deutschland um einen Gehülfen, oder vielmehr um einen Pfarrer; denn er wollte in seiner großen Demut und Bescheidenheit gern nur die Stelle eines Adjunkten einnehmen. Dieser letztere Teil seiner Bitte wurde ihm zwar in richtiger Erkenntnis seiner Tüchtigkeit nicht gewährt, aber ein Gehülfe schon im folgenden Jahre geschickt in der Person unsres thatkräftigen Pastors Lemble, welcher die Witwe des seligen Gronau zur Gattin nahm und wieder tröstete.

Doch was brauche ich euch diese Dinge noch alle weitläufig zu erzählen; ihr habt es ja alles bereits selbst mit erlebt. Dies aber möchte ich euch noch zum Schluß sagen: Lernt eurem Heiland danken, Kinder! Ach, die Vergeßlichkeit und Undankbarkeit des menschlichen Herzens gegen Gottes Wohlthaten ist schändlich, schnöde, schwarz. Danket, Kinder, danket! Und mit eifersüchtiger Wachsamkeit hütet eure Gewissensfreiheit und verspritzet, wenn es Gott so will, lieber den letzten Tropfen eures Blutes, als daß ihr der Menschen Knechte werdet!"

Fünftes Kapitel.

Einige Tage später, nachdem der alte Schulmeister seine Erzählung beendet, hatte Pastor Bolzius mit seiner Tochter Käthe und dem Hausknecht nach dem Morgenbrot kaum seine Andacht gehalten, als schon Frau Kalcher bei ihm erschien und ihn zu sprechen wünschte. Sie seufzte in großer, geistlicher Anfechtung; sie klagte, ihr Herz stecke ganz voll Unglauben und sie könne noch gar keine Christin sein; denn sie habe nun schon so oft von Herzen Gott angefleht, er möge doch den stolzen Sinn ihres Gatten brechen und ihn zu einem reumütigen Sünder machen, der nichts als Gnade begehre. Auch habe ja der Herr Pfarrer bei seinen öfteren Besuchen alles gethan, um die Selbstgerechtigkeit ihres Mannes durch Gottes Wort zu Schanden zu machen. Aber alles helfe nichts, und ihr Gebet bleibe unerhört. Das sei ihr aber, weil der Herr Christus sage, wenn wir Glauben hätten als ein Senfkorn, so würden wir Berge versetzen, ein Beweis, daß sie noch gar nicht den Glauben habe und daher auch nicht im Glauben bete, oder es müsse bei ihr noch irgend etwas, das sie nicht kenne und wisse, im Wege stehen und ihr Gebet vor Gott zum Greuel machen. Habe sie aber den Glauben nicht, so sei sie ja noch ein Kind des Zorns, und ihre Sünden lägen noch alle auf ihr. Sei es aber etwas anderes, so möge er ihr die Augen öffnen und ihr diese Gebrechen zeigen.

Ihr Seelsorger führte ihr hierauf aus Gottes Wort die Kennzeichen der wahren Buße und des wahren Glaubens vor, die sie, wenn auch nach ihrem demütigen Bekenntnis nur in geringem Maße, wirklich an ihrem innern Leben befand, und machte dann zu ihrer großen Freude diese Schlußfolgerung:

wo die in Gottes Wort angegebenen Kennzeichen des wahren Glaubens seien, da sei auch der Glaube selber; wo aber der Glaube überhaupt vorhanden sei, wenn auch nur als das geringste Fünklein, als der zarteste Keim oder der leiseste aufrichtige Wunsch, da sei auch vermöge der göttlichen Verheißung Vergebung der Sünde, und wo Vergebung der Sünde, da Leben und Seligkeit. Sie solle nicht sehen, nicht fühlen wollen, sondern auf das nackte Wort Gottes im bloßen Glauben sich verlassen, so werde sie zu seiner Zeit auch schon erfahren, daß Gott das Gebet ihres Glaubens erhört habe.

Hier trat ein kleines Mädchen, die jüngere Schwester von Jochems Frau, mit dem Gesangbuch in der Hand herein und sagte schüchtern und doch vertraulich, ihre Schwester Pauline habe sie geschickt, den Herrn Pfarrer zu grüßen und zu bitten, daß er das Lied: „Schwing dich auf zu deinem Gott" für sie aufschlagen möge. Das klinge ihr vom letzten Sonntag noch immer in den Ohren, und es mache ihr große Freude. Freundlich die roten Backen der Kleinen klopfend, erfüllte der gutmütige Pastor ihre Bitte und entließ sie dann wieder mit einem herzlichen Gegengruß.

„Wir werden," fuhr er dann zu der Trost und Rat Suchenden fort, „nirgends in der heiligen Schrift auf das Gefühl der Vergebung der Sünden hingewiesen, sondern immer nur auf den Glauben, der am Worte hängt, wie ein Kind an der Mutterbrust. Wir erfahren aber oft, daß, wenn manche Seelen ihres Gnadenstandes so ungewiß sind, sie nur selber daran schuld sind. Sie sind nicht beständig im Wachen und Beten; lassen Gottes Wort nicht täglich ihre Seelenspeise sein; nehmen es mit sich und andern, mit denen sie es zu thun haben, nicht genau; können vieles in ihrem Gewissen beherbergen, das doch nicht recht ist; hegen noch eine gewisse Sünde, wider die sie wohl kämpfen, aber nicht recht; und so ist es kein Wunder, wenn sie nicht nur zu keiner Gewißheit der Vergebung ihrer Sünden kommen können, sondern auch wohl Unruhe im Gewissen leiden müssen. Andere dagegen führen ihr Christentum mit großem Ernst, brechen bei sich und andern durch und bezeugen die Wahrheit. Solche haben zwar nicht allemal eine empfindliche Gewißheit ihres Gnadenstandes, schmecken aber doch den Frieden Gottes, haben ein ruhiges Gewissen, halten sich desto fester an Gottes Wort, welches gewisser ist denn die stärksten Empfindungen, und stehen also ungeachtet ihrer Gefühle in großer Gewißheit, sowohl was ihren gegenwärtigen Gnadenstand als ihre zukünftige Seligkeit betrifft. Was wäre das für ein Jammer und Elend, wenn ein Christ unter Gottes Gnadenbeistand nicht dahin kommen könnte, mit Gewißheit zu hoffen, daß Gott ihn bei seinem Abschied aus der Welt werde in sein himmlisches Reich aufnehmen. Diese Gewißheit ist ja im Grunde nichts anderes, als der Glaube selbst!"

Neu getröstet und gestärkt, empfahl sich Frau Kalcher unter Thränen des Dankes.

Am Abend dieses Tages erhielt Pastor Bolzius noch einen andern Besuch. Er kam eben aus der Gesangstunde heim, wo er mit seinem Gehülfen Lembke nebst dem Lehrer dem jungen Volk der Gemeine neue Melodieen einzuüben, die Lieder nach ihrem Inhalt zu erklären, über den Dichter das Nötige mitzuteilen und allerlei Erbauliches aus der Geschichte des Liedes zu erzählen pflegte. Die Angekommenen waren zwei Reiter, die von Augusta herunter kamen, der eine General Oglethorpe, den wir schon aus dem Munde Vater Diesburgs als den Gründer der Kolonie Georgia rühmen hörten und der diese seine junge Pflanzung schon im Jahre 1742 mit einer winzigen Anzahl gegen eine große Übermacht von einem spanischen Angriff durch großes Feldherrngeschick gerettet hatte; der andere Philipp Steinbach, der nach zweijähriger Abwesenheit als ein geschlagener Mann in dem leichtfertig verlassenen Ebenezer wieder ankam. Oglethorpe war auf dem Wege nach Savannah und kehrte, wie er immer pflog, auch diesmal bei Pastor Bolzius, mit welchem er wie mit einem Bruder umging, ein, um sich von der Gastfreundschaft desselben diese Nacht beherbergen zu lassen und morgen bei Tagesanbruch wieder weiter zu reiten.

Nachem sie ihre Pferde wohl versorgt, das einfache Abendbrot eingenommen und sich dann in der Stubierstube behaglich niedergelassen hatten, fuhr Steinbach in seiner Erzählung, die er schon am Tisch begonnen, also fort: „Ja, Herr Pfarrer, wäre ich Eurem treuen Rate vor zwei Jahren gefolgt und hier geblieben, dann stünde es heute wohl anders um mich. Ich habe aber nicht hören wollen, nun habe ich fühlen müssen. Ich hatte es ja hier ganz gut; aber mir war die Zucht, die hier von Euch und der Gemeine geübt wird, zu streng und darum zog ich mit Weib und Kindern Eurer wohlgemeinten Mahnung zuwider oben hinauf etwa vierzig Meilen diesseits Augusta, wo weit und breit weder Kirche noch Schule sich findet. Ich kaufte da in fast völliger Wildnis eine Farm, oder vielmehr ein Stück Land, das bis dahin noch keine anderen als Indianerfüße betreten hatten, und richtete mich ein, so gut es ging. Die nächste kleine Ansiedlung lag an der Savannah-Road, vier Meilen von mir, und mein nächster Nachbar war zwei Meilen von mir entfernt. Ein halbes Jahr ging alles gut. Da starb meine Frau, und ich mußte sie da unter einem Baume ohne Sang und Klang begraben. Das that mir weh. Dann verarbeitete ich mit meinen beiden Töchtern, der Friederike und der Wilhelmine, die Ihr ja beide konfirmiert habt, alles allein. Vor etlichen Wochen nun brachen die Feindseligkeiten aus zwischen den Tschirokesen, die den Franzosen zugethan sind, und den Krieghs, welche es mit den Engländern halten. Auf beiden Seiten stiften diese Wilden allenthalben Mord und Brand, und wehe der weißen Familie, die einsam wohnt. Deshalb zog ich mit meinen Töchtern in die Ansiedlung, ließ aber Vieh und Früchte auf der Farm und ging ab und zu. So fuhr ich auch vor acht Tagen wieden hinaus, um meinen letzten Weizen vom vorigen Jahre zu dreschen und eine Fuhre mitzubringen. Wir blieben zwei Tage unbelästigt, droschen unsere Frucht aus und waren am Abend so weit fertig, daß wir den Wagen beladen hatten, um am andern Morgen nach Versorgung des Viehs damit zurückfahren zu können. Meinen Töchtern wurde aber des Abends so traurig zu Mute, als ob sie bald sterben müßten, und sie baten mich, mit ihnen das Lied: „Wer weiß, wie nahe mir mein Ende," das sie noch auswendig wußten, zu singen. Darauf thaten sie noch ihr Abendgebet und begaben sich zu Ruhe. Am andern Morgen befahl ich ihnen, die Kühe zu melken, während ich ins Feld ginge, die Pferde zum Anspannen einzufangen. Als ich unten im Felde bei einem Baum stillstand und nach meinen Gäulen ausschaute, siehe, da erblickte ich plötzlich zwei Rothäute, die mit gezogenen Büchsen und sonstigen Mordwaffen auf mich zusprangen. Ich war wie erstarrt; konnte weder Hand noch Fuß rühren. Nur etwa noch zwanzig Schritte waren sie von mir entfernt. In dem Augenblick fiel mir das Gebet ein: „Herr Jesu, dir leb' ich." Kaum hatte ich die Worte Herr Jesu! mit voller Gewalt ausgeschrieen, so stutzten die Indianer, just als ob ein Bär einen Schuß vor den Kopf kriegt, sie stutzten und machten ein gräßliches Brüllen. Ich empfand augenblicklich Kraft und Stärke, als wenn ich Flügel bekommen hätte;

ich drehte mich wie eine Spindel um und sprang wie ein Hirsch zum Walde zu. Die Angreifer setzten nach. Im Walde aber lief ich wie die Schlangen im Zickzack, daß sie mich endlich aus den Augen verloren. Ich war schon so tief in das dunkle Dickicht hineingerannt, daß ich eben anfing, über die Gegend unsicher zu werden, als auf einmal ein großes Jammergeschrei von Alten und Jungen an meine Ohren schlug. Es kam von dem Hofe meines nächsten Nachbars, wo die Indianer gerade im Morden und Schlachten begriffen waren. Nun wußte ich, wo ich mich befand, und lief mit doppelter Angst in der Richtung auf mein Gehöfte zu. Als ich nahe hinzukam, stiegen die schwarzen Rauchwolken von Haus und Stall hoch über die Bäume empor und mein Vieh, das lebendig verbrannte, brüllte in Todesangst. In entsetzlicher Ahnung stürzte ich vorwärts. Bei meiner Ankunft hatten sich die Mordbrenner schon wieder davongemacht, meine Friederike aber war bereits verkohlt und Wilhelmine von unten bis oben mit dem Tomahawk zerhackt und skalpiert, lebte aber noch. Sie erzählte mir mit wenigen gebrochenen Worten, wie alles zugegangen war, und bat mich, ich möchte mich zu ihr bücken, daß sie mich zum Abschied küssen und dann zu ihrem lieben Heiland gehen könne. Bald darauf entschlief sie. Da bin ich nun wieder, wie ein Baum, dem der Blitz alle Äste abgeschlagen hat." Der Erzähler bedeckte laut weinend sein Angesicht mit beiden Händen. „Ich habe meine Töchter," fuhr er dann nach einem Augenblick schluchzend fort, „so viel noch davon übrig war, bei ihrer Mutter bestattet, ohne vor Jammer eine Thräne weinen zu können, habe dann alles, was ich noch besaß, schier zum halben Preise verkauft und bin nun mit Herrn Oglethorpe wieder nach Ebenezer gekommen, um unter dem Schalle des Evangeliums zu leben und zu sterben. Gott hat mich gezüchtigt und gebemütigt."

„Wohl Euch, lieber Steinbach," sagte Pastor Bolzius tief bewegt, „wenn dieser schwere Schlag Gottes Euer Verlangen auf das Eine, das not ist, gerichtet hat! Seine Züchtigung hat Euch zum Besten gedient, und ich hege die gute Hoffnung, daß Eure Töchter noch nicht aus dem Herzen wieder verloren hatten, was sie in der Schule und Konfirmation gelernt haben, und also wohl gefahren sind. Mit Nahrung und Kleidung wird Euch der Vater im Himmel auch hier versorgen, und Ihr sollt auch jetzt wieder erfahren, wie Ihr in früheren Zeiten in Salzburg so handgreiflich schon erfahren, aber hier leider wieder vergessen hattet, daß es kein Schade ist, wenn man um des Wortes Gottes willen irdischen Vorteil darangiebt. Ich will sehen, daß Ihr in unserer neuen Sägemühle angestellt werdet."

Käthe brachte jetzt auf den Wink ihres Vaters eine Flasche Wein von wilden Trauben herein, den Pastor Bolzius selbst so vortrefflich zu keltern verstand. Auf dem eichenen Tisch brannte ein helles Licht, von grünem Myrtenwachs. Rund um dasselbe kroch und flatterte ein buntes Gewimmel von Mücken, Käfern und anderem Ungeziefer, das durch die um der Schwüle willen geöffneten Fenster und Thüren hereinsummte, sich dummdreist im Licht die Flügel versengte und ohnmächtig zuckend niederstürzte. Käthe nahm ihre Schürze herunter und wischte die halbtote Tierwelt vom Tisch herunter und setzte dann drei saubere Gläser neben die Flasche.

Während der Gastwirt einschenkte, ergriff der General auf englisch das Wort, obwohl er auch etwas deutsch verstand, und sagte: „Ich fürchte, wir werden in Zukunft noch oft von dergleichen Indianergreueln zu hören bekommen. Wir stehen am Vorabend trauriger Zeiten."

„O möchten doch alle," seufzte der Pastor, „die in Not kommen, sich flüchten in die Festung, die da heißt der Name des

Herrn, von dem Salomo sagt, er sei ein festes Schloß, der Gerechte laufe dahin und werde beschirmt!"

„Sie haben recht, Herr Pfarrer," meinte sein hoher Besuch, indem er sich den Schweiß von der Stirn trocknete, „nicht Schwert und Büchse können uns schützen."

„Sagen Sie einmal," fragte jener nun aber, indem er sein Glas wieder hinsetzte, „ist wirklich etwas an den traurigen Gerüchten, die man jetzt von Krieg und Kriegsgeschrei vernimmt?"

„Sie sind nur zu wahr!" gab der berühmte Vater von Georgia kopfschüttelnd zur Antwort. „Vor einiger Zeit haben die Kriegh-Indianer etliche von ihren Feinden, den Tschirokesen, in Charleston getroffen und sich auf Bemühung des Governors Glenn von Süd-Karolina zwar äußerlich mit einander versöhnt, sie aber doch hernach auf dem Heimwege, nicht weit von der Stadt, getötet und sich dann eiligst aus dem Staube gemacht. Der Governor wollte ihnen durch die Landmiliz nachsetzen lassen, fand aber Widerstand bei den Obersten derselben. Jetzt bringt er mit Gewalt darauf, daß die Kriegh-Nation die Mörder herausgebe, um sie nach englischem Recht zu strafen. Die Krieghs jedoch halten sich für freie Leute und obendrein für Bundesgenossen der Engländer und lassen sich von niemand vorschreiben, wie sie unter sich und gegen ihre Feinde verfahren sollen. Besteht der Governor noch lange auf seinem Sinn, sie mit Gewalt zur Herausgabe der Übelthäter zu nötigen, so werden sie mit den Engländern brechen und zu den Franzosen übergehen, was für uns kein kleines Unglück wäre. Und in Savannah haben erst kürzlich die Nottawegs hinwiederum, die zu den Tschirokesen und Franzosen stehen, etliche Uschie-Indianer, die den Krieghs und Engländern freundlich sind, auf offener Straße ermordet und dann das Weite ge-

sucht. Viele von den vornehmsten Einwohnern von Savan=
nahs setzten sich sofort, bis an die Zähne bewaffnet, zu Pferde
und verfolgten sie, um ihnen einen Schrecken einzujagen. Sie
fanden aber nichts, als nur einen von den Mördern, der selbst
im Tumult verwundet worden und nun unterwegs halbtot
niedergestürzt war, den sie jetzt noch eingesperrt halten. Und
so hört man, daß diese blutdürstigen Wilden an allen Ecken und
Enden zu rumoren anfangen. Wenn sie einen Feind zum Ge=
fangenen machen, so martern sie ihn oft auf unmenschliche
Weise zu Tode. Sie streiten, diese Feiglinge, wenn sie es ver=
meiden können, nie im offenen Felde, sondern überfallen ihre
Opfer meist nach Mitternacht, oder lauern, im tiefsten Gebüsch,
im Wald oder Rohrschwamm verborgen, ihnen auf und schießen
sie unvermerkt nieder. Auch bei Nacht können sie ihre Wege
im finstersten Dickicht treffen. Der mit der Gegend vertraute
Führer bindet sich ein Stücklein faules glänzendes Holz an die
Stirn und kehrt sich im Gehen öfter um, wonach seine hinten=
drein schleichende Rotte sich richtet. Doch das Schlimmste ist
jetzt, man vermutet, daß die Franzosen eigentlich dahinter
stecken und die Tschirokesen und Nottawegs zum Streite wider
die Uschies und Krieghs hetzen und im Geheimen den Haß
schüren, um die Engländer zu schwächen, mit denen Frankreich
fast in allen Weltteilen auf keinem guten Fuße steht. Die
Franzosen haben jetzt schon im Norden die großen Seen in
ihrer Gewalt und Quebec, Montreal und andere Niederlassun=
gen stark befestigt. Im Süden haben schon zwei von ihnen,
Joliet und Marquette, nach einer langen und gefahrvollen
Fahrt in zwei kleinen indianischen Kähnen, deren jeder drei
Mann trug, die Mündung des Mississippi erforscht, wo schon
1717 New=Orleans war gegründet worden, das seit 1730
mächtig emporblüht. Nun haben die leichtlebigen Helden von

der Seine den großartigen Plan im Kopf, von Canada bis nach Louisiana hinunter den Ohio und Mississippi entlang Kriegsbesatzungen zu verteilen, um so die englischen Kolonien auf die Ländereien im Osten des Allegheny=Gebirges zu beschränken und ihnen den ganzen unermeßlichen Westen abzuschneiden. Das alles ist bereits nach England hinüberberichtet und der Befehl von Seiner Majestät, dem Könige eingetroffen, daß unsere Kolonien sich diesen Absichten der Franzosen mit Gewalt widersetzen sollten. Die Franzosen jedoch sind rüstig an der Arbeit und haben schon am Zusammenfluß des Monongahela und des Allegheny die Festung Duquesne erbaut, welche die Verbindung zwischen Montreal und New Orleans beherrscht. Wir stehen also wahrscheinlich am Beginn eines großen Krieges, und die Scharmützel und Reibereien zwischen den beiden Indianerparteien sind nur die Vorboten und Sturmvögel des nahenden Gewitters."

„Ach!" rief Pastor Bolzius erschüttert, „daß doch der treue Gott immer wieder die Zuchtrute schwingen muß, ehe sich die Menschen zur Buße kehren! Doch bei der verstockten Welt hilft auch seine Kriegsgeißel nichts. Sie will nun einmal nicht, sie will nicht, und da bleibt freilich dem lieben Gott nichts anderes übrig, als sie unter Tod und Verderben zur Hölle fahren zu lassen. Nun verstehe ich auch," fuhr er dann fort, indem er noch einmal einschenkte, „warum die Krieghs, die gestern bei mir waren, die Nottawegs französische Indianer nannten und über die Franzosen so schimpften und fluchten. Es war eine Schar von zehn oder zwölf Männern mit einigen Weibern und Kindern. Viele von ihnen hatten sich voll getrunken und machten ein unsinniges Geschrei. Wie immer, kehrten sie bei mir ein. Wir gaben ihnen zu essen und zu trinken, schienen ihnen aber damit keinen solchen Gefallen zu thun, als wenn wir ihnen Zinnober, womit sie sich färben, und noch mehr Rum gegeben hätten. Sie waren auf der Flucht vor den Nottawegs, und ich fürchtete schon, daß sie sich hier eine Weile würden aufhalten wollen, weil wir am Flusse liegen, und sie also, wenn sich Gefahr zeigte, geschwind nach Süd=Karolina hinüber entwischen könnten. Einer von ihnen brachte ein Bündlein halber Kopfhäute, die sie ja ihren Feinden abzuziehen pflegen, mit den Haaren daran auf meine Stube, um sie mir als einen Beweis seiner Heldenthaten zu zeigen. Da ich aber meinen Abscheu davor bekundete, so redete ihm der, welcher das Haupt unter dieser Bande zu sein schien, ernstlich zu und so packte er seine ekelhafte Ware bald wieder zusammen. Gegen Abend strolchten sie dann allmählich wieder fort nach Norden. Jetzt wird mir auch der Franzose verdächtig, der vor einigen Nächten sich hier in Ebenezer herumgeschlichen hat und es mit etlichen Negerinnen, besonders der Sklavin des Herrn Waldhauer, auf unflätige Weise gehabt und ein paar Pferde und andere Dinge gestohlen haben soll."

„Nun," meinte der General, „aus euch Deutschen wird ein Franzose doch keine Landesverräter machen!

„Keine Gefahr!" gab sein Wirt zur Antwort, „für Franzmänner giebt es in Ebenezer nichts zu ergattern."

Es ging nun schon stark auf Mitternacht. Der Pastor teilte dann noch dies und jenes von dem Ergehen Ebenezers mit, insonderheit, daß er und Pastor Lemke vor kurzem den knorrigen, aber redlichen und fleißigen Hans Flerl zu ihrem Stellvertreter als Aufseher bei der neuen Sägemühle gemacht hätten, was des Generals herzliche Billigung fand. Darauf hielt er die Abendandacht und sie begaben sich zur Ruhe.

Sechstes Kapitel.

Es war an einem dunklen Aprilabend, als Kalcher mit seinem Wagen sich von Savannah, wohin er ein Fuder Hafer zum Verkauf gefahren hatte, auf dem Heimweg befand. Sein Sohn Wilhelm begleitete ihn, hatte sich aber jetzt schon hinten im Wagen auf die leeren Säcke gelegt und war am Einschlummern. Kalcher, der in der Stadt schon etwas getrunken, hatte noch eine Flasche bei sich und sprach derselben von Zeit zu Zeit zu, was jetzt bereits seine Wirkung bei ihm übte. Er war nun schon in die Nähe von Gosen gekommen, wo der Weg durch eine Niederung über zwei kleine Brücken führte und ein wenig rechts bog, während links ein geringerer Fahrweg in den dünnen Wald sich abschwenkte. Wilhelm, halb noch wachend, halb schon träumend, dachte, als es über die beiden Brücken ging, bei sich selbst: „Hier darf mein Vater noch nicht links abbiegen, wir müssen erst über drei Brücken dicht hinter einander kommen." Statt aber seine Pferde, wie sie wollten, den richtigen Weg rechts gehen zu lassen, riß Kalcher in der verkehrten Meinung, schon nahe am Ziele zu sein, sie ärgerlich nach links. Eine kleine Strecke fuhr er so fort, als der Boden anfing, waldfreier, naß und sumpfig zu werden. Immer stärker wurde das Quatschen unter den lüpfenden Tritten der Tiere, so daß es nun auch unsrem Fuhrmann, da er in der dicken Finsternis fast keine Hand vor Augen sehen konnte, allmählich sonderbar und bedenklich vorkam. Da mit einem Mal sanken die Pferde bis an die Knie und die Räder bis an die Achsen in den Morast. Die erschrockenen Zugtiere wollten halten. „Vorwärts!" schrie Kalcher und hieb mit der Peitsche drüber.

„O!" stieß Wilhelm, bang aus seinem Schlafe in die Höhe fahrend, hervor.

„Vorwärts!" schrie Kalcher wieder und brauchte die Geißel noch stärker. Die Pferde sprangen mit der äußersten Anstrengung auf und nieder und vorwärts und schleuderten mit ihren gewaltsamen Sätzen den Kot, daß er ihren Rücken bedeckte und Kalcher ins Gesicht flog. Da kam er wieder auf festeren Boden und hielt an. „Hilf Gott!" seufzte er jetzt ernüchtert, „wo sind wir hingeraten. Und du, dummer Junge," wendete er sich zu seinem Sohn, „schreist noch o! daß die Pferde stillstehen. Hätten wir in dem Loch erst angehalten, so wären wir verloren gewesen. Doch, was fangen wir jetzt an. Eine rabenschwarze Nacht! In den nächsten paar Schritten können wir wieder im Kot liegen. Laß uns sehen, ob nicht jemand in der Nähe wohnt. He! — he! — he!" rief er dann aus Leibeskräften und schaute, während die Pferde nach Atem rangen, rund um sich her, ob er nicht irgendwo ein Licht erspähen könne. Nachdem er noch einige Male seinen Notschrei wiederholt hatte, erblickten sie zu ihrer großen Freude ein Licht in der Ferne, das sich auf sie zu bewegte. Es war Jakob Grauer, ein Salzburger, der am äußersten Südende von Gosen wohnte und Kalchers Hülferuf gehört hatte. Da er die gefährlichen Sümpfe dieser Gegend, in welchen ihm und andern schon manches Stück Vieh versunken war, kannte, so hatte er augenblicklich geahnt, was vorgefallen sei, seine Laterne angezündet und sich eilends auf den Weg gemacht.

„Wer da?" fragte er, als er in die Nähe kam.

„Ich bin's, Heinrich Kalcher von Ebenezer," gab der Verirrte zur Antwort.

„Du bist es? Kennst du noch nicht besser die Wege?"

„Hilf mir nur, daß ich aus diesem höllischen Loch erst wieder herauskomme!" sagte Kalcher ausweichend.

„Du bist noch nicht an die rechte Stelle gekommen," versetzte jener. „Danke deinem Gott, daß du nicht noch weiter links geraten bist, sonst hättest weder du noch deine Pferde das Tageslicht wieder gesehen. Jetzt folge mir nach; ich will voranleuchten." Damit schritt der Mann mit der Laterne vorwärts, und Kalcher fuhr langsam hinterdrein, bis er wieder auf die Savannah-Road gelangt war. Hier nahm sein Führer Abschied und wandte sich, ohne Kalchers Dank zu empfangen, querfeldein nach seinem Gehöfte, indes jener über die Pferde hieb und nun auf der sicheren Straße rascher vorwärts eilte nach Ebenezer.

Inzwischen hatten sich bei seinem Hause verderbendrohende Wolken zusammengezogen. Hier hatte sich nämlich schon in der Dämmerung, indes Frau Kalcher mit ihren Kindern am Abendtische saß voll Gram über den Verbleib Antons und voll Sorge um ihren Gatten, die Negerin Waldhauers, Antons Mutter, von hinten zum Stall geschlichen mit einem Herzen voll schwarzer Gedanken. Sie hatte nämlich vor kurzem einmal Kalcher allein im Wald getroffen und ihn zur Sünde zu verleiten gesucht in der teuflischen Absicht, ihm dann die Wahl zu stellen, entweder ihren Sohn Anton, den er nach jener Flucht wieder eingefangen und bis jetzt nur um so grausamer behandelt hatte, frei zu geben und sie gleichfalls von ihrem Herrn loszukaufen, oder aber seine Schande vor ganz Ebenezer geoffenbart zu sehen. Kalcher jedoch hatte sie in stolzer Verachtung als zu schmutzig von sich gewiesen. Das wurmte sie und sie beschloß seinen Untergang. Sie hatte dann mit Anton verabredet, heute Abend hinter dem Stalle Kalchers zusammenzukommen und auf ihn zu lauern, wenn er von Savannah heimkommen würde, wo dann Anton ihn erstechen solle. Im Vorgenuß ihrer Rachefreude, auch wohl um ihren Mut zu entflammen, hatte sie dem Branntwein stärker als gewöhnlich zugesprochen. Als sie jetzt am bestimmten Orte anlangte, war Anton noch nicht da. Das unmäßig genossene Feuerwasser aber begann nun seine Wirkung zu äußern; eine große Müdigkeit und Erschlaffung beschlich ihre Glieder. Von Zeit zu Zeit grinste sie vor sich hin; dann ballte sie auch wieder die Faust, knirschte mit den Zähnen und stieß mit gedämpfter Stimme hervor: „Zu schmutzig, he, zu schmutzig? Das will ich dir einträuken!" Doch die Müdigkeit nahm überhand und mit einem Fluch über das lange Ausbleiben ihres Sohnes strauchelte sie durch die Hinterthür in den Stall und legte sich auf einen Rest von Heu nieder, wo sie schon nach wenig Minuten in einen festen Schlaf versunken war.

Bald darauf kam auch Anton, mit einem großen, scharf geschliffenen Messer unter der Jacke verborgen, scheu und vorsichtig herangeschlichen. „Noch nicht da!" flüsterte er, als er seine Mutter nicht fand. „Wo sie wohl stecken mag. Jeden Augenblick kann er kommen, und ich allein — mich schaudert."

Jetzt stieg der Neumond über den Wald empor und warf einen matten Schimmer über die Gegend. Anton trat, um völlig vom Dunkel eingehüllt zu bleiben, unter die mächtige Fichte, welche hart an der Ecke des Waldes im Winde, der sich nach und nach stärker aufmachte, rauschte. Hier mußte Kalcher dicht vorbei, unter den riesigen Ästen der Fichte durch, um auf den Hof einzubiegen. „Wo sie nur bleibt?" fragte sich der Neger wieder, der immer ungeduldiger und ängstlicher wurde. „Ich allein — nein, ich kann es nicht!" Die Wolkenschatten huschten geheimnisvoll über die Straße; unheimlich rauschte der Wald; dazwischen schrillte das einsame Geheul eines

Wolfs aus der Ferne herüber. „Er soll sterben!" knirschte der Lauernde dann, indem er sich zusammenraffte und die Hand fester um den Griff des Messers zukniff; „er muß sterben, wenn ich es auch allein thun soll! Du bist doch keine Memme, Anton! Mut, Anton!" Da rasselte ein Wagen in der Ferne. Der Neger begann zu zittern; in ängstlicher Aufregung blickte er bald mit angestrengten Augen dem Kommenden entgegen, bald spähte er rings um sich her, ob nicht jetzt noch seine Mordverbündete anlangen würde. Der Wagen kam immer näher und näher in scharfem Trabe. Es war Kalcher. Jetzt kam er in die Nähe des Stalls und ließ die Pferde langsamer gehen. Anton machte eine Bewegung um sich auf ihn zu stürzen, allein seine Knie schotterten, seine Zähne klapperten und das Messer entfiel seiner bebenden Hand. Es war ihm, als sei er an den Boden gebannt. Wilhelm schien im Dunkel etwas bemerkt zu haben und sagte es seinem Vater; doch dieser achtete nicht weiter darauf, sondern bog um die Fichte auf den Hof. Hier kam sogleich Lenchen, die das Rollen des ankommenden Wagens gehört hatte, vergnügt aus dem Hause gelaufen und half Wilhelm die Pferde ausspannen.

„Wo ist denn Anton?" fragte ihr Vater.

„Ich weiß es nicht," gab sie zur Antwort; „er war die letzten zwei Tage so sonderbar und still, als wenn er etwas im Schilde führte, dabei aber doch so willig, gehorsam und fleißig, daß wir uns verwundern mußten. Heute hat er sich nun wieder den ganzen Nachmittag nicht sehen lassen, und keiner kann sagen, wo er geblieben ist."

„Dieser Bube!" zürnte Kalcher und schritt dem Hause zu, wo seine Frau ihn freundlich begrüßte, aber alsbald mit tiefer Betrübnis merkte, daß er wieder einmal zu viel getrunken hatte.

Lenchen und Wilhelm brachten die müden Tiere in den Stall und schirrten aus, ohne im Dunkel die schlafende Negerin auf dem Heu zu bemerken, und nahmen dann die mitgebrachten Sachen aus dem Wagen mit ins Haus.

Anton, in dessen Herzen Todesangst und Racheburst wild durcheinanderkochten, war unterdessen, halb ohne zu wissen, was er that, einige fünfzig Schritt über die Straße hinweg in den Wald gelaufen. Da stand er still, wandte sich um und schüttelte mit fluchender Wut seine geballte Faust gegen Kalchers Haus. Plötzlich schien ihm ein neuer Gedanke zu kommen. „Halt! Rache will ich dennoch haben!" Mit diesen Worten näherte er sich wieder der Straße und horchte. Auf dem Hofe war alles still geworden. Hurtig stahl er sich über die Straße zurück bis an den Stall und in wenig Minuten flackerte bereits eine kleine Flamme an den trockenen Brettern in die Höhe. Der Verbrecher aber hob sich eiligst davon auf dem Wege, den Kalcher gekommen war.

Zu dieser späten Stunde saß David Rahn in seinem Hause noch allein auf bei seiner Bibel und war eben in tiefes Sinnen versunken über die Worte: „Gehet hin in alle Welt und lehret alle Heiden und taufet sie im Namen des Vaters, des Sohnes und des Heiligen Geistes. Und lehret sie halten alles, was ich euch befohlen habe. Und siehe, ich bin bei euch alle Tage bis an der Welt Ende." Da fiel auf einmal der Wiederschein eines Feuers durch das Fenster auf seine Bibel. Erschreckt sprang er auf und hinaus. Er erkannte sogleich, daß es auf Kalchers Hofe war. In der bangen Befürchtung, diese Familie, von welcher Lenchens Gestalt ihm am lebendigsten vor die Seele trat, schwebe in Todesgefahr, eilte er ohne weiteres darauf zu. Unterwegs stieß er unerwartet auf Anton, der sich umgewandt hatte und sein Werk mit frohlockendem Grinsen aus der Ferne betrachtete.

„He! Wer bist du? Lösche doch?" rief ihm David gellend in die Ohren.

Anton erschrak so sehr, daß er stumm zu Boden stürzte.

„Du, Anton?" stieß David erstaunt hervor. „Mensch, was machst du? Siehst da wie ein Baumstumpf und siehst gemächlich zu, während deines Herrn Güter verbrennen? Schämst du dich nicht?"

Der Neger brachte allmählich seine Sinne aus der Überraschung wieder bei einander.

„Was brichst du denn," fuhr jener näher tretend fort, „zusammen wie ein altes Weib, wenn du eine menschliche Stimme hörest, und zitterst wie ein Espenlaub?"

Der schwarze Feigling aber sprang jetzt wieder auf seine Füße und suchte wie ein angeschossener Hirsch zu entkommen.

„Was?" rief David, indem er ihn ergriff und festhielt; „was soll das das heißen? Bist du am Ende — ich will nicht hoffen. Ein böses Gewissen hast du jedenfalls. Jetzt mitgegangen, oder —!" Damit hatte er den Flüchtling mit fester Hand am Kragen erfaßt und zog ihn, er mochte sich zur Wehre setzen, wie er wollte, ohne noch ein Wort zu verlieren, gewaltsam mit sich fort.

Jetzt hatten auch Kalchers mit Schrecken die Feuersbrunst wahrgenommen und kamen aus dem Hause gestürzt mit Eimern, Besen, alten Röcken und dergleichen, um auszugießen und auszuschlagen.

„Hier!" rief David, indes er seinen mit aller Macht sich sträubenden Gefangenen auf den Hof zerrte, dem entsetzten Kalcher entgegen; „hier ist der Brandstifter!"

Ebenezer—11

„Was? Anton!" donnerte der Herr des Negers und seine Augen blitzten vor Zorn. Ein schrecklicher Fluch entfuhr seinem Munde, indem er dem Schwarzen, während David schon dem Wasser schleppenden Lenchen zu Hülfe sprang, einen Faustschlag ins Gesicht versetzte, daß derselbe rücklings zu Boden taumelte. Mit einem Satze sprang er dann zu seinem großen Hunde, band ihn los und hetzte ihn auf den halb betäubten Anton, der sich eben wieder vom Boden wankend erhob, um das Weite zu suchen. Er begann zu laufen, so schnell ihn seine Füße tragen wollten; der Hund aber war wie ein Blitz hinter ihm her und setzte wütend seine Hauer ein. Vor Angst und Schmerz heulend hatte der Mordbrenner kaum die Straße erreicht, als ihm die Dogge schon mehrere lange klaffende Wunden in den Schenkeln und Armen gerissen hatte und ihn dann mit einem mächtigen Sprunge zur Erde warf, wo er erschöpft liegen blieb. Der Hund aber lief, als sei jetzt seine Wut verdampft, mit schäumender Zunge und eingezogenem Schweif gradewegs die Straße entlang davon.

Unterdessen war Kalcher in den Stall geeilt, um seine schnaubenden, springenden und wiehernden Pferde vom Feuertode zu retten; denn die Flammen hüllten nun, von dem immer stärker gewordenen Winde angefacht, schon fast das ganze Gebäu ein. Da stießen seine Frauenzimmer auf der hintern Seite des Stalls, wo das Feuer angegangen war, einen gellenden Jammerschrei aus. Kalcher sprang aus dem Rauch wieder hervor und eilte um das brennende Gebäude herum, um zu sehen, was jetzt wieder Schreckliches vorgefallen sei. Da stand auch er, wie die andern, erstarrt. Durch die kleine Hinterthür war plötzlich unter Rauch und Flammen eine menschliche Gestalt hervorgestürzt und rollte sich jetzt in lichten Lohen kreischend auf der Erde herum. David hatte zuerst seine

Besinnung wieder; er griff nach einem Rock, hüllte die Gestalt ein und suchte das Feuer zu löschen, wozu ihm nun auch Kalcher und seine totbleiche Frau halfen. Es war die alte Negerin. Nachdem sie die Flammen ausgethan, rissen sie ihr die noch brennenden Kleidungsstücke vom Leibe und trugen sie ins Haus, wo Wilhelm augenblicklich zum Arzt losgejagt wurde. Kalcher jedoch rannte sogleich wieder zurück, um wenigstens seine Pferde zu retten. Allein ihm sowohl als den andern Einwohnern Ebenezers, die nun schon in Scharen zur Hülfe herbeiströmten, machte es das rasende Element unmöglich einzubringen. Im nächsten Augenblick schon stürzte das Dach krachend zusammen und eine Wolke von Funken sprühte hoch in die Nacht hinaus. Er mußte seine geliebten Pferde mit allem, das im Stall gewesen war, elendiglich zu Grunde gehen lassen. Wie versteinert stand er da und stierte bewegungslos in das langsam zusammensinkende Feuermeer, ohne ein Wort zu antworten auf die Reden und Fragen seiner Nachbarn und Freunde, die ihm ihr Mitleid bezeigten.

Jetzt kamen Fritz Steiner und Jochem mit dem Unheilstifter Anton auf den Hof getragen, den sie bei ihrem Hereilen bewußtlos am Wege, aus vielen Wunden blutend, gefunden hatten. Unter allgemeinem Jammern wurde er auf ein zweites Bett gelegt, während seine Mutter daneben so sehr in ihrem Schmerze tobte, daß David samt dem weinenden Lenchen und ihrer Mutter sie kaum zu halten im stande war. Als endlich nach einer halben Stunde Doktor Mayer erschien, war die Negerin bereits ihren Brandwunden erlegen.

Bei der Untersuchung der Wunden Antons ergab sich, daß auch sein rechter Fuß gebrochen war. Das bannte ihn nun volle zwei Monate lang auf das Schmerzenslager. Während dieser ganzen Zeit war Lenchen seine beständige Pflegerin, die jede Gelegenheit ergriff, um ihn mit sanften, liebreichen Worten zur Erkenntnis seiner Sünde zu bringen, während ihr Vater in unversöhnlichem Groll gegen den Unglücklichen, dessen eigentlich beabsichtigtes Verbrechen er gar nicht einmal kannte, kaum ein Mal die Woche nach ihm sah oder frug. Sehr häufig besuchte ihn David Rahn, den Kalcher und seine Frau wegen seines verständigen, mannhaften und doch stets bescheidenen Betragens immer mehr wertschätzen lernten; doch war Anton es nur zum Teil, dem seine Besuche galten. Die Pastoren Bolzius und Lembke besuchten ihn ebenfalls fleißig und brachten ihm Gottes Wort nahe; allein seine Antwort war immer nur Fluchen und Lästern, oder ein trotziges Schweigen. Zuweilen auch drückte er seinen Ärger darüber aus, daß er nicht ausgeführt, was er gewollt habe; was das aber gewesen sei, war nicht aus ihm herauszubringen. Als Pastor Lembke ihm einmal nach langen vergeblichen Ermahnungen der Liebe besonders scharf ins Gewissen redete, schlug er diesem seinem Seelsorger mit der Faust ins Gesicht. Mit dem tiefsten Weh der Seele mußten endlich beide ihre Bemühungen als völlig vergeblich einstellen und ihn der Hand des Herrn, der sich nicht spotten läßt, anheimgeben, welche sich denn auch gar bald an dem Sünder schrecklich offenbaren sollte.

Siebentes Kapitel.

Es war eben wieder Sonntag geworden, neun Wochen nachdem Anton jenen Mordanschlag auf das Leben seines Herrn gemacht und, statt sein Ziel zu erreichen, seiner eigenen Mutter den Flammentod bereitet hatte. Die kleine Kanone gab um acht Uhr des Morgens das Zeichen zum Beginn des Hauptgottesdienstes. Heute war der langersehnte Tag erschienen, an welchem Hilabih, die nun in der christlichen Lehre unterrichtet worden war, konfirmiert und getauft werden sollte. Die Kirche vermochte kaum die Menge zu fassen, die herbeiströmte, um an der Feierlichkeit und Freude teil zu nehmen, da zum ersten Mal in Ebenezer ein rotes Kind des Waldes der Kirche Gottes einverleibt warde. David und Marie führten sie herein. Von der geschickten Hand der letzteren geschmückt, trat sie bescheiden in einem einfachen weißen Kleide daher, um den Hals eine Schnur von blitzenden Glasperlen, an welcher ein kleines silbernes Kreuz auf die Brust herabhing, und ein paar rote und weiße Blumen im schwarzen Haar. Eine freudige Bewegung ging durch die ganze Versammlung, als sie so mit niedergeschlagenen Augen den Gang hinaufging und sich auf dem bereit gestellten Rohrstuhl vor dem Altar niederließ. Nachdem Pastor Bolzius mit feierlichen Worten den Gottesdienst eröffnet und die ganze Gemeine in gehobener Stimmung das gewaltige Festlied: „Komm, Heiliger Geist, Herre Gott" gesungen hatte, that der Pastor ein herzliches Gebet und stellte dann mit der jungen Indianerin ein anderthalbstündiges Examen an, in welchem diese von der bewegungslos lauschenden Gemeine in gutem Deutsch und mit vernehmlicher Stimme den kleinen Katechismus Luthers und eine große Anzahl Bibelsprüche, sowie einige schöne Liederverse und Gebete auswendig hersagte und durch ihre verständigen Antworten auf die erklärenden Fragen ihres Seelsorgers zur freudigen Überraschung aller Anwesenden bewies, daß sie die Grundlehren unseres allerheiligsten Glaubens auch hinreichend gefaßt habe, um im stande zu sein sich selbst zu prüfen. Nach einer herzbeweglichen Rede des Pastors, bei welcher fast kein Auge trocken blieb, folgte wieder ein Gesang und ein Gebet, worauf Hilabith stehend ihren Glauben bekannte und alsdann in feierlichster Weise das Sakrament der heiligen Taufe empfing. Die ganze Versammlung kniete hierauf nieder zu einer gemeinsamen Fürbitte für die neu in das Gnadenreich Gottes Aufgenommene, und nachdem der Segen erteilt war, schloß die Gemeine mit einem fröhlichen Lobgesang. David und Marie führten die Beglückte, wie sie gekommen waren, durch die noch sitzenbleibende Gemeine den Gang hinunter, während ihre großen, schönen Augen in stiller, verklärter Freude strahlten. Draußen wurde sie von vielen Frauen und Mädchen herzlich beglückwünscht, und sonderlich Witwe Kahn drückte sie mit thränenden Augen in die Arme.

Gegen Abend sammelte sich eine Menge von Gästen im Hause der Witwe, die auf ihre vorherige Einladung erschienen, um den heutigen Tag zu einem Fest zu machen und sich mit einander desselben zu freuen. Kurz vor Ankunft der Gäste aber sagte David zu seiner Mutter, als sie allein waren: „Mutter, laß uns dieses Fest zu einem doppelten machen!"

„Wie so?" fragte sie mit großen Augen.

„Dadurch," war David's stotternde Antwort, „dadurch —". Er errötete und stockte.

„Nun?" frug seine Mutter noch neugieriger.

„Laß mich," platzte er heraus, „meine Verlobung feiern mit — mit — mit Lenchen Kälcher!"

„In Gottes Namen, mein Sohn!" war die freudig überraschte Antwort. „Eine gottseligere, demütigere, tüchtigere Hausfrau wüßte ich dir nicht zu nennen. Ich gebe euch mit Freuden meinen Segen."

Den jungen Mann schien die Eilfertigkeit, womit seine Mutter seinem Wunsch entgegenkam, fast ein wenig zu verblüffen. Die Ursache davon aber klang leise aus ihren Worten, indem sie bewegt seine Hand ergriff und mit fast bittenden Blicken sagte:

„Nun bleibst du doch bei mir, mein Sohn? Nun verlässest du mich doch nicht?"

„Ich dich verlassen?" fragte David erstaunt. „Wie kommst du nur auf solche Gedanken?"

Ihr mütterliches Herz wollte noch stärker in den Sohn bringen, da es längst ahnte, welcher Entschluß in der verborgenen Tiefe seiner Seele bereits keimte; doch schien ihr Gewissen aus Furcht, wider Gott zu kämpfen, ihren Mund zu verschließen, und sie brachte daher nichts weiter hervor, als: „Nun, nun — ich möchte so gerne — und doch —."

Jetzt unterbrachen ankommende Gäste ihr Gespräch; es waren Kirschners. Bald darauf langte auch Jochem mit seiner Frau und seinem gebrechlichen Onkel an; dann Kalcher mit seiner Frau und Tochter; sein Sohn Wilhelm jedoch blieb indessen bei Anton, der nun mit Krücken wieder herumzugehen anfing, allein zu Hause. Auch die immer gern gesehenen Pastoren machten mit den Ihrigen bald ihre Erscheinung, denen noch viele andere Freunde folgten, so daß endlich das bescheidene Haus unserer Witwe in allen Winkeln voll war.

Nachdem alle mit freundlichem Gruß bewillkommt waren, Platz genommen und besonders der glücklichen Hiladih die Hand gedrückt hatten, trat David in die Mitte hervor und sagte: „Liebe Freunde! Gott hat uns eine große Freude bereitet, daß er uns heute aus den armen Heiden, die in geistlicher Finsternis verloren in den Wäldern irren, durch das Bad der neuen Geburt den Erstling geschenkt hat. Möchten diesem Erstling bald ganze Scharen folgen! Laßt uns dem Herrn ein frohes Loblied singen!"

Alle stimmten zu und so klang denn laut und lebendig aus warmem Herzen das Lied: „Nun lob, mein' Seel', den Herren." Nach Beendigung des Gesangs trat David noch einmal vor und sagte: „Wenn es Gottes gnädiger Wille ist, so soll unsere heutige Feier eine zweifache sein." Darauf wandte er sich zu seiner Mutter und bat sie um ihre Einwilligung zu seiner Verlobung mit Lenchen Kalcher. Indes sich alle mit größter Verwunderung einander ansahen, nickte sie lächelnd ja. Dann trat er zu Kalcher und dessen Gemahlin und legte ihnen seine Bitte vor, ihm ihre Tochter Magdalena zum Weibe zu geben. Obwohl sie so etwas seit einiger Zeit erwartet hatten, so waren sie doch sichtlich überrascht, gerade jetzt diese Frage zu hören. Kalchers harte Züge erheiterten sich, und er gab ohne Umstände seine Einwilligung, indem er hinzusetzte: „Klopft euch aber nicht!" Seine Frau aber stand mit Freudenthränen in den Augen auf, ergriff die Hand ihrer Tochter, die, purpurrot erglühend, sich verlegen zurückziehen wollte, und zog die hold Widerstrebende zu David, um ihre Hände in einander zu legen. David aber fragte nun diese, ob sie sein Weib werden wolle. Sie stammelte, ohne die Augen vom Boden zu erheben, ein kaum vernehmliches „Ja," worauf er ihre Hand erfaßte und ihr den Verlobungskuß gab. Frau Kalcher umarmte beide, legte dann ihre Hände auf beider Häupter und sprach: „Der Herr segne euren Eingang und Ausgang von nun an bis in Ewigkeit!"

„Amen!" setzte die ganze Gesellschaft wie aus einem Munde hinzu.

Pastor Bolzius aber erhob sich jetzt und flehte mit allen Anwesenden in einem brünstigen Gebet um den Segen des Herrn für das neu verlobte Paar.

Hiladih aber war, während all dieses vorging, leichenblaß

geworden und zitterte, ohne doch von jemand bemerkt zu werden, da aller Augen auf jene beiden gerichtet waren und jetzt ein jeder sich hinzudrängte, um den neu Verlobten die Hand zu schütteln und ihnen seinen Segenswunsch darzubringen.

Hierauf wurde das einfache Festmahl aufgetragen, wobei Marie, nachdem auch sie ihren Bruder und künftige Schwägerin in ihrer lebhaften Weise umhalst und geküßt hatte, nebst ihrer Mutter und einigen Freundinnen alle Hände voll zu thun hatte. Am obern Ende der Tafel saßen die Pastoren und der ehrwürdige alte Schulmeister, sowie der schweigsame Lehrer und Kalcher nebst Gattin. Ihnen gegenüber am andern Ende des Tisches nahm David mit seiner Braut zu seiner Rechten Platz, und Marie führte die widerstrebende Hiladih, aus deren Augen der Glanz der Freude völlig gewichen schien, an seine linke Seite.

„David!" so wandte sich während der Mahlzeit Katharina Bolzius an den jungen Bräutigam, „weißt du wohl noch, was du uns einmal versprochen hast? Es sind jetzt bald zwei Jahre, und bis daher hast du es noch nicht zur That gemacht. Heute aber mußt du uns dein Versprechen halten."

„Ja," fiel Lenchen lebhaft ein, „das ist auch wahr; das mußt du!"

„Aber," wandte David ein, „ich weiß ja nicht, ob es auch der übrigen Gesellschaft und sonderlich unsrer Hiladih genehm wäre, wenn ich noch mehr von den Indianern erzählte; denn Gutes weiß ich nicht sehr viel von ihnen zu sagen."

Hiladih, die ihr Leid so viel wie möglich zu bemeistern gesucht hatte, lächelte wehmütig und nickte schweigend mit dem Kopfe.

„Papa!" so richtete sich jetzt Käthe an ihren Vater, „nicht wahr, wir alle bitten David, uns heute noch mehr von den Wilden zu erzählen?"

„Ja wohl!" erwiderte dieser. „Du hast ja vorhin gesagt, mein Sohn," fuhr er gegen David fort, „diese Heiden lebten in geistlicher Finsternis dahin. Gieb uns einmal ein Bild von ihrer Religion und ihren Gottesdiensten, damit unsre Herzen zur Fürbitte für das arme Volk gereizt werden."

Als dann nach Beendigung der Mahlzeit das Dankgebet gesprochen war und alle, wie sie konnten, sich wieder niedergelassen hatten, fuhr Pastor Bolzius, während die Frauen hurtig abdeckten, fort: „Sag uns einmal, David, hast du nichts davon erfahren, was diese Wilden von der Schöpfung glauben?"

David berichtete, indes alle aufmerksam zuhörten, insonderheit unser Andres Zandt mit offenem Munde horchte:

„Davon erzählen die Alten den Jungen dieses: Es war einmal eine Zeit, da gab es weder Menschen noch Tiere; weder Vögel, Fische und Krebse noch Berg und Thal; weder Gesträuch noch Wald; keine Regung noch Bewegung; keinen Übelthäter; keinen Donner oben, keinen Fußgänger unten; nichts als ein stilles Wasser, ein schweigendes Meer, Stille und Ruhe, Finsternis und Nacht. Da trieb auf den Wogen ein großer Block, und auf dem Block saß eine Schnecke, und Hurakan, der mächtige Wind, strich über die Fluten und heulte: Erde! Sofort tauchte ein Sandkorn aus dem Wasser hervor und wuchs und wuchs zu solcher Größe an, daß ein starker junger Wolf, beständig mit äußerster Schnelligkeit rennend, vor Altersschwäche starb, ehe er die Grenze der neuen Erde erreicht hatte. Der Block trieb ans Land und die Schnecke kroch herab, aber sie kam in Schlamm und Kot. Sie kroch über die weiche Oberfläche eine Strecke fort, da stieg plötzlich die Sonne in die Höhe und schien so heiß, daß der Kot alsbald trocknete und die Schnecke eingebacken wurde. Sie mühte sich eine Zeitlang ab, sich loszuarbeiten, und wollte endlich schon vor Hunger und Erschöpfung verzweifeln, als sie auf einmal fühlte, daß eine wunderbare Veränderung mit ihr vorgehe. Sie nahm erstaunlich an Größe zu; unten wuchsen zwei Beine, oben ein Kopf und an jeder Seite ein Arm. Sie war ein Mann geworden. Er war aber nackt und hungrig und fror. Obwohl er die Vögel in den Lüften fliegen und die Tiere auf dem Lande umherlaufen sah, wußte er doch nicht, wie er es anfangen solle, sich Nahrung und Kleidung zu schaffen. Da erschien ihm der Große Geist, rief ihn freundlich bei Namen, gab ihm Bogen und Pfeile und zeigte ihm, wie er wilde Tiere damit schießen müsse. Als das erste Reh erlegt war, zeigte er ihm, daß das Fleisch gut zu essen sei. Dann gab er ihm Feuer und zeigte, wie er das Fleisch kochen könne. Als der Mann gekocht und seinen Hunger gestillt hatte, sagte ihm der Große Geist, es würden Wind und Regen kommen, und lehrte ihn zum Schutz seiner Glieder gegen die Kälte ein Gewand machen aus dem Fell des erbeuteten Rehs. Der große Gönner beobachtete nun aufmerksam die Spinne, wie sie ihr Gewebe ausbreitete, die unachtsamen Fliegen zu fangen, und nach diesem Muster wob er ein Netz und lehrte den Mann damit Fische im Wasser haschen. Dann gab er seinem Pflegling eine Schnur von Wampum um den Hals und sagte: „Das ist das Zeichen deiner Herrschaft über alle Tiere der Schöpfung!" Darauf stopfte der Wohlthäter im Mond des fallenden Laubes seine große Pfeife und genoß, bevor er sich zum Winterschlaf begab, behaglich ein göttliches Rauchen, dessen duftige Wolken über Hügel und Wälder zogen und die Luft mit dem blauen Nebel des indianischen Sommers füllten.

Auf seinen Streifereien nun begegnete der Mann dem Biber und befahl demselben, sich ihm zu unterwerfen, indem er seine Perlenschnur vorzeigte. Der Biber war ihm augenblicklich unterthan und nahm ihn mit zu seiner Wohnung. Hier wurde er sehr freundlich von dem Weib und den Kindern des Bibers aufgenommen und lernte von ihnen die Kunst, sich eine Hütte zu bauen. Dann forderte er sich des Bibers Tochter zum Weibe, die ihm sofort gegeben wurde, und bald darauf fand die Hochzeit statt. Alle Vögel der Luft und alle Tiere des Waldes waren dazu eingeladen und groß war die Festfreude. Von diesem Paare stammen alle Menschen her."

„Was für alberne Thoren, so unsinniges Zeug zu glauben!" meinte Kalcher.

„Allerdings," wies ihn Pastor Bolzius leise zurecht, „ist es albernes Zeug, was diese blinden Leute sich von der Entstehung der Welt erzählen. Aber laßt uns die Armen nicht verachten, sondern vielmehr bedauern!"

„Merkwürdig ist doch," versetzte Pastor Lembke, „daß niemals ein Volk ohne göttliche Offenbarung sich bis zu dem Gedanken einer Schöpfung aus nichts durch das bloße Wort Gottes hat erheben können. Immer ist, wenn das Schaffen angeht, schon etwas vorher da."

„Ich fragte einmal," sagte David darauf, „den alten Indianer, der mir dies erzählt hatte, wo denn das Wasser und der Block und die Schnecke hergekommen sei? Das alles müsse doch aus nichts entstanden sein. Da schaute er mich mit großen Augen verblüfft eine Weile an und sagte dann, ich schwätzte ja Unsinn."

„Der Mensch," erklärte der Pfarrer, „wie er ohne Gottes Wort ist, bildet Gott nach sich, anstatt sich nach Gott zu bilden, und schließt beständig von sich auf Gott. Und weil nun er nichts anderes kann als arbeiten, das heißt, aus einem Ding ein anderes machen, so sieht er auch Gott nur für einen großen Baumeister an, der das Material schon vorfindet, woraus er das Weltgebäude zimmert. Die menschliche Vernunft ist daher nicht im stand, aus sich selbst den unendlich höheren Gedanken: Gott sprach, und es ward, hervorzubringen; das lehrt uns Gottes Wort allein."

Während Marie und Käthe den Gästen mit einem schwachen Bier aufwarteten, das Witwe Rahn, wie viele andre Salzburger, aus ungemalztem Korn und Sirup selbst zu brauen pflegte, fragte der alte Diesburg den Bräutigam: „Hast du keine Sagen vernommen, worin sich eine Erinnerung an große weltgeschichtliche Begebenheiten, die uns die Bibel erzählt, kund giebt?"

„Von der Sündflut, zum Beispiel," erwiderte David, „wurde mir Folgendes mitgeteilt: Die Männer des Waldes gedachten einst nicht mehr des Schöpfers, der sie gemacht, noch redeten sie von dem, der sie hatte geboren werden lassen. Darum wurde es finster über dem Angesicht der Erde, und ein strömender Regen begann sich zu ergießen bei Tag und bei Nacht. Da kamen alle Wesen zusammen, große und kleine, die Menschen ins Angesicht zu schelten. Die Vögel sagten: Sehr übel habt ihr an uns gethan, daß ihr uns gebissen habt. Jetzt wollen wir euch wieder beißen. Die Mahlsteine sagten: Arg habt ihr uns geplagt tagtäglich. Tag und Nacht hieß es nur rapps, rapps, knarr, knarr, für euch. Jetzt wollen wir euer Fleisch zu Mehl zerreiben. Die Hunde sagten: Warum habt ihr uns nicht unsre Speise gegeben? Wenn wir uns nahten, so hattet ihr immer den Stock bei der Hand. Jetzt wollen wir unsre Zähne an euch versuchen. Die Töpfe und Schüsseln sagten: Ihr habt unsere Seiten und Ränder geräuchert, uns über dem Feuer gekocht und über den Kohlen gebrannt. Jetzt wollen wir es euch heiß machen. Da liefen die Menschen hierhin und dorthin in Angst und Verzweiflung;

denn alles kämpfte wider sie. Sie klommen auf die Dächer ihrer Wigwams; allein ihre Hütten krümelten unter ihnen zusammen. Sie kletterten in die Wipfel der Bäume; doch die Bäume schleuderten sie weit von sich. Sie suchten Zuflucht in den Höhlen; aber die Höhlen verschlossen sich vor ihnen. Und die Wasser schwollen, die Fluten stiegen, und die Wogen rollten über die Männer des Waldes her, daß sie alle ertranken, daß sie alle untergingen. Nur Messuh schwamm in einem Kahn auf den Wellen der Tiefe umher. Er sandte, als der Regen innehielt, den Raben aus, einen Klumpen Kot zu suchen, um daraus wieder die Erde zu bilden, aber der Vogel fand nichts. Dann befahl er einer Otter, nach Erde zu tauchen; allein sie kehrte leer zurück. Endlich schickte er eine Bisamratte hinab. Diese brachte ein winziges Stückchen herauf, welches aber für Messuh genügte, die ganze Erde daraus wieder herzustellen, auf welcher wir leben. Die Bäume aber hatten alle Zweige verloren. Da schoß er in die kahlen Stämme seine Pfeile und diese wurden alsbald zu Ästen. Nachdem er dann die Bisamratte zum Weibe genommen, bevölkerte er von neuem die Welt. — Das ist, was die Rothäute, unter welchen ich gelebt habe, von der Sündflut wissen.

Eine andere Sage ist, meiner Meinung nach, eine Erinnerung an den Stillstand der Sonne auf Josuas Gebet. Es ist diese: In alten Zeiten waren einmal die Tiere mächtiger geworden als die Menschen, und hatten alle zerrissen und verschlungen bis auf ein kleines Mädchen und ihren noch kleineren Bruder. Diese lebten an einem verborgenen Ort des Waldes. Das Mädchen versorgte seinen Bruder, lehrte ihn mit Pfeil und Bogen Schneevögel schießen, briet ihm das Fleisch derselben zur Speise und nähte ihm aus ihren Häuten einen kleinen Rock.

Eines Tages war der Knabe an einer Stelle, wo die Sonne her schien und den Schnee weggeschmolzen hatte, eingeschlafen. Die Strahlen der Sonne dörrten die Häute, aus denen sein Wams bestand, dermaßen zusammen, daß er aufwachte, weil ihm der Rock zu eng wurde. Darüber ward er der Sonne sehr gram und sann auf Rache. Nachdem er einen Kriegsplan entworfen, plagte er seine Schwester so lange, bis sie ihm eine Leine verfertigte. An das eine Ende derselben machte er eine Schlinge, die sich leicht zuzog, hängte sie in den Wipfel eines Baumes, wohin die Sonne, wenn sie aufwachte, kommen mußte, und band das andere Ende unten am Stamme fest. Als die Sonne am Morgen heraufsteigen wollte, fing sie sich in der Schlinge und verwickelte sich mit ihren Strahlen so, daß sie nicht aufgehen konnte. Die Tiere des Waldes gerieten in großen Schrecken, als sie inne wurden, daß die Sonne diesen Tag nicht aufging und alles finster blieb. Sie liefen hin und her und forschten ängstlich, was wohl der Sonne widerfahren sein könne, bis sie endlich entdeckten, daß sie sich in einer Falle gefangen habe. Sie wußten zuerst nicht, was sie thun sollten; sie hielten einen Rat und kamen überein, daß ein Nagetier die Schlinge abnagen solle. Aber keins wollte sich hinzuwagen aus Furcht, von dem großen Feuerball zu Tode gebrannt zu werden. Endlich ließ sich die Haselmaus, welche damals noch das größte unter den Nagetieren war, überreden, das Werk der Rettung zu unternehmen. Sie ging hin und nagte glücklich die Schlinge ab, daß die Sonne frei wurde und emporfuhr. Die Haselmaus jedoch war, als sie zurückkam, so sehr von der Hitze zusammengeschrunden, daß sie seitdem das kleinste unter den Nagetieren ist. So war die Sonne einen ganzen Tag zurückgeblieben."

„Das ist ohne Zweifel," meinte der greise Schulmeister, „eine Erinnerung an Josuas Wunder."

„Wenn es nicht," versetzte Pastor Lemke, „ein dunkles Andenken an die spätere Finsternis beim Tode unsres Heilandes ist. Doch diese dauerte ja nur drei Stunden; die Sage aber behauptet ausdrücklich, die Finsternis habe einen ganzen Tag gewährt, nicht wahr?"

„Ja!" gab David etwas zerstreut zur Antwort; denn er hatte bemerkt, daß Hilabih, deren stiller Ernst ihm schon vorher etwas aufgefallen war, sich schon seit geraumer Zeit fortgestohlen hatte und noch immer nicht wieder kam. Es trieb ihn ein unbestimmtes Gefühl, einmal nach ihr zu sehen.

„In der Flutsage," so führte der Pfarrer die Unterhaltung fort, „sind noch viele Züge übrig, die, für jedermann deutlich erkennbar, im allgemeinen mit unsrer lieben Bibel übereinstimmen; zum Beispiel, daß die Flut aufgefaßt wird als eine Strafe für den Abfall des Menschen von seinem Schöpfer, weswegen auch die ganze Schöpfung ihn anklagt. So ist auch die Rede von einem Fahrzeug, in welchem doch wenigstens ein Mensch gerettet wurde, sowie auch von einem Raben und einem dreimaligen Aussenden von Tieren."

„Sollten diese Erinnerungen wohl," fragte der alte Schulmeister, „Spuren sein von einer Wirksamkeit des Apostel Thomas in Amerika, wovon ja eine christliche Sage wissen will?"

„Wer will das bestreiten," sagte Pastor Bolzius, „und wer will es beweisen? Es verhält sich damit wohl ebenso wie mit der andern Vermutung in betreff des Ursprungs der Indianer, daß sie nämlich Nachkommen der zersprengten zehn Stämme Israels seien, welche in die assyrische Gefangenschaft geführt wurden und seitdem aus der Geschichte verschwunden sind. Diese Dinge sind in undurchbringliches Dunkel gehüllt und werden es auch wohl bleiben."

Während sich die Versammlung so unterhielt, hatte sich David bei Marie und seiner Mutter, die noch in der Küche beschäftigt waren, nach Hilabih erkundigt. Da aber diese nichts von ihr gesehen, hatte er sie allenthalben gesucht, bis er sie endlich in der Dachstube fand, wo sie einsam durch das Giebelfenster nach dem im Abendrot blinkenden Savannah hinausschaute, während die Thränen ihr still über die braunen Wangen rollten.

„Hilabih!" redete David sie mit sanftem Vorwurfe an, „wo bleibst du denn?"

Wie aus einem Traume erwachend fuhr sie herum; wendete ihm aber, als sie ihn erkannte, sogleich wieder den Rücken zu und wischte sich hurtig und verstohlen die Zähren ab.

„Was weinst du denn, Hilabih?" fragte David betroffen, indem er näher kam. „Sag, was weinst du?" Er faßte ihre Hand.

Sie brach von neuem in einen Thränenstrom aus, der ihre Worte erstickte.

„Ei, ei! was ist denn los?" fragte der junge Mann bewegter. „Sag mir doch, hat dir jemand was zu Leide gethan?"

„Nein, niemand!" schluchzte sie endlich.

„Aber um alles! was weinst du denn? Heute mußt du nicht weinen!"

„Mir ist es so weh ums Herz!" stotterte sie; „ich — ich dachte eben an meine Mutter, die eine blinde Heidin bleibt, da ich —." Sie hielt errötend inne. „Nein!" ermannte sie sich bann, „es ist nicht wahr; ich habe nicht an sie gedacht, ich will heute nicht lügen. Ach! ich weiß nicht, mir ist so sonderbar. Geh nur wieder hinunter, David! Ich komme auch bald!"

David sah sie einen Augenblick an, ohne zu wissen, was er zu diesem Gebaren sagen solle. Denn ging er kopfschüttelnd langsam davon und rief noch von der Treppe her ihr zu: „Komm aber gewiß auch bald herunter, Hiladih, und sei fröhlich!"

„Haben die Indianer," fragte jetzt Kirschner, als David wieder hereintrat, „auch ein Bewußtsein von der Sünde?"

„O ja!" gab dieser zur Antwort, indem er seinen Platz neben seiner Braut wieder einnahm. „Das spricht sich aus in ihrem jährlichen Versöhnungsfest am 24. Juni, welches sie den Sonnentanz nennen. Besonders großartig wurde es im letzten Jahr meines Verweilens unter ihnen gefeiert. Mehrere Stämme, die nach vielen Tausenden zählten, waren zusammengekommen. Sie schlugen ihre Zelte in einem großen Kreise auf, dessen Durchmesser wohl mehr als eine Meile betrug. Während nun die Vorbereitungen zum Sonnentanz getroffen wurden, ergötzte sich die große Menge an Pferderennen, gegenseitigen Besuchen, Tänzen und allerlei Glücksspielen. Die Ratsversammlung von Häuptlinge sonderte eine Anzahl von Kriegern aus, deren Aufgabe war, in der Mitte des Lagers den Ort zur Errichtung des heiligen Baumes auszuwählen. In voller Rüstung zu Pferde machten sie dann, nachdem sie den Platz ausgesucht, einen kriegerischen Angriff auf denselben, wie auf einen Feind, um die bösen Geister zu vertreiben. Alle diejenigen Krieger, welche in dem verflossenen Jahre gelobt hatten, als Genugthuung für ihre Sünden sich dem Sonnentanz zu unterziehen, begaben sich hierauf in Begleitung der vornehmsten Jungfrauen und zwei besonders erwählter Mädchen, die ewige Keuschheit gelobt hatten, unter Gesang zu dem nahen Walde, um den Baum aufzusuchen. Während hier die Jungfrauen einen Ringeltanz aufführten, traten die Krieger einer nach dem andern an den ausgesonderten Baum heran, hielten eine Anrede an ihn, worin sie die Thaten ihrer Tapferkeit aufzählten, und erneuerten ihr Gelübde, an dem Sonnentanz teilzunehmen, worauf sie ihre Streitart in den Fuß des Baumes einhieben und wieder zurücktraten. Dann traten die beiden Nonnen mit Ärten in den Händen vor, fällten den Baum und stutzten ihn sorgfältig zu. Jetzt trugen sie ihn in feierlicher Prozession nach dem bestimmten Ort, hielten aber viermals unterwegs an und nahmen jedesmal eine andere Reihe von Zeremonien mit ihm vor.

Als die Prozession anlangte, machte jene Kriegerschar noch einmal einen Angriff auf den Ort, wie vorher. Nachdem man den heiligen Baum eingepflanzt hatte, hängte man eine Figur, aus einem rohen Büffelfell geschnitten, oben darauf, die nun unter gräßlichem Heulen und Jolen auf allen Seiten von einer Wolken von Pfeilen durchbohrt und umschwirrt wurde, um auch die letzte Spur von bösen Geistern zu vertilgen.

In kurzer Entfernung von dem Baum wurden nach den vier Himmelsgegenden vier Pfähle fest in den Boden eingerammt und das ganze mit einem Zaun und einer Reihe von Laubzelten eingeschlossen. In diesem Kreise versammelte sich der Hohepriester mit den Büßenden, und rings umher standen Haupt an Haupt die Volksscharen, Männer und Weiber, Alte und Kinder. Der Hohepriester zündete nun die heilige Pfeife mit wildem Feuer, das auf die schon früher erzählte Weise erzeugt war, an, und während alles Volk das Haupt entblößte, die Geweihten die rechten Hände in die Höhe hoben und er selbst knieend die dampfende Pfeife zur Sonne emporhielt, betete er zum Großen Geist um Vergebung der Sünden des ganzen Volks, um Frieden unter einander und mit der ganzen Welt und knüpfte daran schließlich eine ernste Ermahnung an alle zu einem frommen Leben.

Hierauf begannen die Büßenden, indes die übrige Menge ihre lärmenden Ergötzungen wieder aufnahm, den Tanz um den heiligen Baum, den sie 24 Stunden lang ohne Speise, ohne Trank, ohne Ruhe und Rast fortsetzen mußten, während dessen sie den Blick unwandelbar den Tag über auf die Sonne und die Nacht hindurch auf den Mond zu richten und in den Bewegungen des Körpers nach dem eintönigen Getrommel des Tamtam Takt zu halten hatten. Als dieser aufreibende Tanz, bei welchem mehrere ohnmächtig niederstürzten, vollendet war, kam der Höhepunkt des Gottesdienstes. Die Büßer warfen sich, keuchend in einer Erhitzung und Aufregung, welche an Wahnsinn grenzte, zur Erde, der Hohepriester zwackte ihnen ein großes Stück Fleisch mit der Haut vom Brustknochen etwas los, durchstach es mit einem Messer und hängte einen Haken hinein, der durch eine lange Leine an einem der vier Pfähle festhing. Nun begann der Tanz von Neuem in rasender Wildheit; sie sprangen hin und her, vorwärts, rückwärts und durcheinander und zerrten sich in verwickelten Knäueln so lange herum, bis die sämtlichen Haken aus dem Fleisch gerissen waren. Der eine Büßer aber, der wahrscheinlich besonders schwer gesündigt hatte und darum eine sonderlich schwere Buße thun wollte, ließ sich, als die andern fertig waren, vier Haken von allen vier Pfählen her einhängen, in jede Brust einen und hinten an jeder Schulter einen. Er seufzte, als wollte ihm das Herz springen. Lange raste er zwischen den vier Pfählen hin und her, bis endlich die beiden Haken an den Schultern ausrissen. Doch die beiden vorderen auszureißen, schien er nicht mehr

Kraft genug zu haben. Da erbarmte sich ein Freund seiner, umschlang von hinten mit den Armen seinen Leib, warf sich mit seinem ganzen Gewicht rückwärts und riß und zerrte und sägte hin und her, bis die Haken ausrissen und er mit dem blutenden Büßer rücklings zur Erde fiel. Der Gemarterte seufzte noch einige Male tief auf, dann war seine Seele entflohen. Ich wollte —"

Hier wurde der Erzähler plötzlich unterbrochen. Wilhelm Kalcher stürzte, ein Bild des Schreckens, herein, und rief atemlos: „Vater! Mutter! Kommt geschwind nach Haus! Der Anton ist ganz wild. Er ist so sonderbar; er will mich immer beißen."

Kalcher sprang auf und eilte fort; seine Frau, Lenchen und David, sowie Jochem, Kirschner und einige andere folgten, so schnell sie konnten.

Achtes Kapitel.

Als Kalcher in seinem Hause anlangte, lag Anton keuchend am Boden mit geschlossenen Augen und offenem Munde, aus welchem der Geifer auf die Dielen floß. Einen Augenblick sah er ihn prüfend an; dann faßte er ihn am Arm und suchte ihn aufzurichten, indem er fragte: „Anton! Was ist dir?"

Kaum hatte der Neger die Augen aufgethan und Kalcher erkannt, als er aufsprang und mit wütenden Gebärden auf seinen Herrn losstürzte. Dieser mußte sich in seiner Überraschung augenblicklich nicht anders zu wehren, als indem er ihm mit beiden Händen so heftig vor die Brust stieß, daß er rückwärts wieder zu Boden taumelte. Dann trat Kalcher bleich etliche Schritte zur Thür zurück den andern entgegen, und sagte bebend: „Gott im Himmel! Leute, was ist mit dem Menschen?"

„Wasser! Wasser!" schrie jetzt Anton, am Boden liegen bleibend; denn sein kaum geheilter Fuß war jetzt schon wieder greulich zugerichtet, so daß er denselben ohne die schneidendsten Schmerzen nicht rühren, noch viel weniger darauf treten konnte. David sprang zum Brunnen, während die andern in sprachlosem Erstaunen den Neger betrachteten, und holte ein Geschirr voll Wasser. Harmlos trat er hinzu und reichte es dem Elenden zum Munde dar. Dieser aber wich mit Gebärden des äußersten Abscheus davor zurück und stieß einen Fluch aus, der den Zuschauern die Haut frösteln ließ. Als David es ihm zum zweitenmal anbot, schlug er ihm das Gefäß heftig aus der Hand.

„Hinaus!" schrie jetzt Kalcher kreidebleich, „alle hinaus! Er ist toll!"

„Toll! — Toll!" stießen alle vor Entsetzen starr aus, ohne ein Glied zu rühren!

„Hinaus!" schrie Kalcher wieder, und drängte mit hastiger Gewalt Weib und Kinder, David, Jochem und alle durch die Thür. „Ich bin sein Mörder! Ich habe damals den Hund auf ihn gehetzt. Der Hund muß toll gewesen sein. Er ist fortgelaufen und nie wieder gekommen. Ich sein Mörder! Ich sein Mörder! O! — o! — o!" Er schlug beide Hände vor das Gesicht und taumelte in seiner Seelenqual hin und her wie ein Betrunkener.

„Bindet mich! Bindet mich!" rief jetzt der Neger, der etwas ruhiger und vernünftiger wurde; „sonst passiert ein Unglück!"

Jochem lief zum neuerrichteten Stall und holte einen langen Strick und einige Riemen. Dann gingen er, David und Kirschner, indes Kalcher wie gelähmt umherwankte und stumm vor sich nieder stierte, beherzt hinein, und in wenigen Minuten hatten sie Hände und Füße des Unglücklichen gefesselt. Darauf stellten sie sich etliche Schritte zurück und beobachteten genau jede Bewegung des Gebundenen. Seine Muskeln zuckten oft krampfhaft, und seine Augen rissen sich von Zeit zu Zeit groß auf und fuhren wild im Kreise umher.

Die Dunkelheit war nun bereits hereingebrochen, und die zitternde Frau Kalcher zündete ein Licht an und stellte es auf den Tisch, in dessen Schein das Jammerbild am Boden noch unheimlicher aussah. Lenchen und Wilhelm aber saßen vor dem Hause auf einem Block mit den schlaftrunkenen Kleinen im Schoße und ließen ihren Thränen freien Lauf.

„Nun weiß man sich auch zu erklären," sagte Kirschner, „woher es sich schreibt, daß unser Waldhauer eine Woche ungefähr nach jener Unglücksnacht zwei Kühe und ein Schaf, die wasserscheu geworden waren, totschlagen mußte. Das war ohne Zweifel das Werk desselben Hundes, der dieses gräßliche Unheil angerichtet hat."

„Das ist aber auch wahr!" meinte Jochem; „ich hatte gleich mein Bedenken dabei, als der Hund so geheimnisvoll verschwand."

Hier trat Andres Zandt, vom Pfarrer geschickt, herzu und erkundigte sich, was vorgefallen sei; worauf er sogleich zurückeilte.

Jetzt aber fing der Neger wieder an zu zittern und zu pfauchen, die Wut war wieder im Anzug. Es riß seine Glieder, daß er hoch in die Höhe fuhr. Seine Augen brannten, weißer Schaum netzte die bläulichen, bebenden Lippen. Eine unüberwindliche Begierde ergriff ihn zu beißen, zu zerreißen und zu zerstören. Er heulte, knirschte mit den Zähnen, schnappte nach allem, was in der Nähe war, sogar nach seinen eigenen Armen und Händen, bellte wie ein Hund und krümmte sich wie ein Wurm. Er zerrte an seinen Stricken, indes seine blutrünstigen Augen wilde Blicke auf seine Umgebung schossen und mit unheimlichem Funkeln sich auf die schreckensbleichen Gesichter der Umstehenden hefteten, so daß Frau Kalcher, die den Anblick nicht mehr ertragen konnte, mit gefalteten Händen hinauseilte. Dann lag der Unglückliche, plötzlich zusammensinkend, wieder ein wenig still, bis die Tobsucht von neuem ihn ergriff. Immer kürzer aber wurden die Pausen, immer länger dauerten die Anfälle und immer heftiger wurden sie, so daß auch die Männer endlich vor Jammer laut heulten und immer weiter zurückwichen, indes ihre Seufzer unablässig zum Vater aller Barmherzigkeit für den Gemarterten emporstiegen.

So hatte er wohl eine halbe Stunde lang gelitten, als die Wut ihren höchsten Gipfel erreichte und der Paroxymus in schreckliche Konvulsionen ausbrach. Die Zähne knirschten, daß es eine Pein war, es anzuhören; die Fingernägel gruben sich in das schmerzdurchzuckte Fleisch ein; der ganze Körper bebte; der Schaum trat in weißen Flocken vor den Mund; die Augen rollten wie Feuerbälle in den Höhlen, und mit einer äußersten Gewaltanstrengung hatte er die Stricke zerrissen und stand auf den Füßen. Die Männer stürzten schreiend zur Thür hinaus.

Als sie draußen vor der zugerissenen Thür eine Zeitlang gelauscht hatten und innen alles still blieb, wagten sie es, sachte wieder aufzumachen, und mit den Pastoren und dem Arzt, welche soeben zu gleicher Zeit ankamen, einzutreten. Da lag der Arme, über den Gott schrecklich Gericht gehalten hatte, mit schauerlich verzerrten Zügen, starren Augen und zusammengekrampften Gliedern tot auf den Dielen. Pastor Bolzius schlug stöhnend die Hände über dem Kopfe zusammen, sank mit allen Anwesenden erschüttert auf die Knie und betete unter strömenden Thränen, daß der Zorn des Herrn vorüber gehen möge.

Schon draußen aber hatte Jochem bemerkt, daß Kalcher fehle, und von einem unnennbaren Angstgefühl getrieben, sich sogleich mit Frau Kalcher, die ebenfalls nach ihrem Gatten sich umzusehen begonnen hatte, auf die Suche begeben. Es dauerte nicht lange, so fand er ihn im Stalle mit einem Riemen an einem Balken hangen. Mit dem Schrei: „Hülfe! Hülfe!" sprang er hinzu, riß sein Messer aus der Tasche, schnitt den Riemen ab und fing den Bewußtlosen in seinen Armen auf.

Frau Kalcher stürzte herbei. Bei diesem Anblick ihres Gatten aber brach sie betäubt zusammen. David, Kirschner und Pastor Lembke kamen gesprungen. Entsetzt hoben sie Kalcher auf und trugen ihn eiligst ins Haus, wo sie nebst dem Arzt alle Mittel der Wiederbelebung anwandten und nach kurzer Zeit die Freude hatten, daß er die Augen wieder aufschlug.

Sprachlos vor Schrecken schleppte sich auch jetzt seine Frau herein, welcher die jammernde Tochter wieder aufgeholfen hatte. Sie konnte nicht weinen. Als sie aber sah, daß ihr Gatte noch lebe, warf sie sich über ihn her und brach in krampfhaftes Schluchzen aus. Lenchen aber kniete am Fußende des Bettes, in Thränen aufgelöst.

„Wo bin ich?" frug jetzt Kalcher.

„Ihr seid noch nicht vor Eurem Richter, wo Ihr so schnell hin wolltet!" gab der Pfarrer ernst zur Antwort.

„Wer hat mich dem Tode entrissen?"

„Dazu bin ich Gottes Werkzeug gewesen," erwiderte Jochem.

„Dich muß der Teufel doch ewig mir im Wege haben!" sagte Kalcher mit bitterem Hohn. „Warum habt ihr mich nicht hangen lassen? Dann wäre die Erde von einem Scheusal frei!" Er drehte ihnen den Rücken zu und versank in dumpfes Schweigen.

„Laßt uns beten!" sagte Pastor Bolzius feierlich. Sie knieten um das Lager her, und unter dem lauten Schluchzen aller dankte der Pfarrer zuerst für die gnädige Rettung Kalchers von dem schrecklichen Tode des Selbstmörders und flehte dann mit Mark und Bein erschütternden Worten um Gnade zur Buße für ihn.

Kalcher begann tief, tief zu seufzen. „O!" stöhnte er dann, „hättet ihr mich doch hangen lassen, so wäre ich zur Hölle gefahren, wo ich hin gehöre!"

„Heinrich! Heinrich!" jammerte seine Frau, umhalste ihn und bedeckte seinen Mund mit Küssen.

„Meint ihr," rief er dann, indem er sich aufrichtete, mit gräßlichem Hohnlachen, „ich sei ein Christ, ein Lutheraner gewesen? Was? Ich habe euch alle angelogen, ich habe Gott und die ganze Welt angelogen! Ein Bube bin ich gewesen, ein Bube bin ich noch, und ein Bube gehört in die Hölle. Gebt mir ein Messer, daß ich diese verfluchte Kehle abschneide!"

Entsetzen ergriff alle Gegenwärtigen.

„Seid Ihr denn rasend, Herr Kalcher?" fragte Pastor Bolzius. „Daß Ihr doch ewig etwas Besonderes sein wollt! Als ob ich nicht auch ein Bube wäre, der in die Hölle gehört! Als ob nicht Pastor Lembke hier und Eure Frau und David und wir alle Buben wären und zum Teufel in die Hölle gehörten! Muß Euch denn immer der Hochmutsteufel reiten, daß

Ihr mehr sein wollt, als wir andern! Thut doch nicht so entsetzlich groß mit dem, was Ihr seid!"

Diese Worte verblüfften den Verzweifelten etwas. Er sah den Pastor einen Augenblick groß an und sagte dann: "Urteilt selbst! Hört meine Beichte! Im Salzburgischen gehörte ich zu den jungen Bauernknechten, die sich freiwillig zum Dienst des Papstes stellten, um euch Lutherischen zu schinden, zu hudeln und zu placken, und ich habe mein redlich Teil dabei mitgeholfen. Ich war zum Beispiel der niederträchtige Schurke, der mit andern seinesgleichen eines Abend in die Wohnung der Josephine Kromberger, der Halbschwester des alten Diesburg, deren Eltern bereits der Verfolgung zum Opfer gefallen waren, einbrach und ihr gewaltsam raubte, was ihr mehr wert sein mußte als das Leben, und Jochem hier ist mein Sohn."

"Mein Bruder also!" flüsterte Lenchen erstaunt vor sich hin, indem sie die von Thränen umdüsterten Augen überrascht auf Jochem richtete.

"Meinen katholischen Glauben," fuhr ihr Vater nach einem Augenblick fort, "schwur ich nachher ab und nahm den lutherischen an einzig und allein aus fleischlicher Liebe zu meiner jetzigen Frau, deren schöne Gestalt meine Sinne berauscht hatte und deren stille Frömmigkeit und standhafter lutherischer Glaube mich nur noch mehr reizten, die demütige Waise zur Meinigen zu machen. Ich gab also den Glauben, worin ich erzogen war, den Winden, weil sie niemals einen Katholiken würde genommen haben. Aber lutherisch bin ich bis auf diese Stunde niemals gewesen, ja niemals ein Christ; ich habe euch alle nur angeheuchelt. Äußerlich zwar habe ich alles mit euch mitgemacht, innerlich aber euch alle gründlich verachtet. Ich habe gelogen und betrogen, wo es mein Vorteil war. Ich habe gesoffen, wo ich es ohne Aufsehen zu erregen thun konnte. Mehrmals habe ich die Ehe gebrochen, und dort liegt einer, den ich gemordet habe. Nun? Warum speit ihr mich nicht an? Ach, daß mich die Erde verschlänge!"

„Heinrich! Mein Heinrich!" weinte seine Frau, indem sie in herzlicher Liebe sein Haupt an ihre Brust drückte. „Ich vergebe dir deine Untreue gern, hundert und tausend Mal, und vergrabe sie in ewige Nacht. Und ich bin doch nur ein armer Mensch; wie viel mehr vergiebt dir dein Heiland!"

„Katharina!" rief Kalcher, indem er sich loswand, „du könntest mir vergeben und diesen Klumpen Mist wieder an deine reine Brust drücken?"

„Ja, ich vergebe dir! Glaub es doch nur! Ich vergebe dir gern!" war die brünstige Antwort.

„Katharina, du lügst!" sagte Kalcher eisig.

„O mein Gott!" rief sie betrübt. „Habe ich dich bis auf diese Stunde jemals belogen?"

„Nein!" stotterte ihr Gatte nach kurzem Schweigen, „du hast nicht; aber dann ist dies deine erste Lüge."

In Jochems Herzen hatte es indes gewogt von sich widerstreitenden Gefühlen: von Freude, seinen Vater gefunden und vom Tode gerettet zu haben; von Trauer, ihn in solchem Zustande zu finden. Jetzt konnte er sich nicht länger mehr halten; er sprang hinzu, umarmte ihn heftig und sagte weinend: „Mein Vater! Mein Vater!"

„Was!" stieß der Angeredete hervor, indem er sich losriß, „auch du willst den noch lieb haben, der dich zum Bastard gemacht hat?"

„Kalcher!" sagte jetzt Pastor Bolzius, „Eure Sünden sind für Euch gebüßt!"

„Wollt Ihr meiner spotten? Aber recht so! Des Teufels Hohn bin ich wert!" sagte Kalcher bitter.

„Seid Ihr nicht getauft?" fragte der Adjunkt.

„Den Bund," war die Antwort, „habe ich tausendmal gebrochen, schnöde gebrochen!"

„Aber Gott nicht!" setzte jener wieder dagegen.

„O! wenn es möglich wäre!" seufzte Kalcher mit ungläubigem Kopfschütteln.

„Wißt Ihr nicht," fuhr Pastor Lembke fort, „daß der Sohn Gottes Euren Mord, Eure Ehebrüche, Eure Heuchelei, kurz, alle Eure Sünden, sie mögen einen Namen haben, welchen sie wollen, und stänken sie auch bis an die Wolken, selbst geopfert hat an seinem Leibe auf dem Holz?"

„Er hat wohl Sünden getragen," fuhr jener auf; „aber meine Sünden? Lieber Herr Pastor, meine Sünden? Ich bin ein zu scheußlicher Sünder! Ein verfluchter Mensch! Für mich giebt's keinen Heiland!"

„Ihr armseliger Wicht!" sagte Pastor Bolzius. „Ihr wollt mit Eurem Fingerhut voll Sünden schwerer wiegen als der Sohn des lebendigen Gottes mit seinem unendlichen Meer von Gnade und Erbarmen! Schämt Euch Eures Hochmuts! Kalcher, Eure Sünden sind getilgt!"

Von himmlischem Entzücken und höllischen Zweifeln zerrissen, sprang jetzt Kalcher aus dem Bett, ergriff Pastor Bolzius an der Brust und schrie: „Himmel und Hölle! wenn Ihr lügt! Ist es gewiß wahr? Könnt Ihr's schwören? den Kopf dafür lassen? Oder habt Ihr mich zum besten?"

Schrecken machte alle einen Augenblick regungslos. Der Pfarrer aber erhob sich langsam, reckte seine Rechte in die Höhe und sagte feierlich: „Bei dem lebendigen Gott schwöre ich es,

Kalcher, Eure Sünden sind getilgt! Ist das nicht wahr, hier ist mein Kopf!"

Kalcher ließ seine Hand sinken. „O wenn das wahr wäre! Wenn es wahr wäre!" stöhnte er und brach erschöpft zusammen. Sie hoben ihn mit bebenden Händen auf und legten ihn wieder auf das Bett, wo er in stumpfe Erschlaffung versank.

Es war nun schon nach Mitternacht, und während David, Jochem und Kirschner dablieben, um nebst den still weinenden Frauen Wache zuhalten, wenn Kalcher etwa einen neuen Versuch sich zu entleiben machen sollte, begaben sich die andern mit den Pastoren nach einer nochmaligen Fürbitte heim, die letzteren, um nach ein paar Stunden Schlafs zurückzukommen und abermals zuzusehen, ob dieser vom Hammer Gottes zermalmten Seele nicht mit dem Trost des Evangeliums aufzuhelfen sei.

Mehrere Wochen hindurch aber hatten sie mit aller Anstrengung, Geduld und Liebe an ihm zu arbeiten, bis endlich, endlich die eisige Verzweiflung seiner Seele in Thränen sich löste, das Herz in göttlicher Traurigkeit weich wurde und der Trost des Wortes Gottes bei ihm Wurzel faßte. Oft aber, nachdem er schon zuversichtlich die Vergebung seiner Sünden in Christo ergriffen zu haben schien, kamen die feurigen Pfeile wieder geflogen, und nicht selten schien sein Glaubensschifflein in den Fluten, Stürmen und Riffen neuer Zweifel wieder stranden zu wollen. Doch die Sonne der Gerechtigkeit kämpfte sich durch die schwarzen Wolken in seiner Seele hindurch, und der Geist Gottes trug doch schließlich in seinem Herzen den Sieg davon über den Fürsten der Finsternis. Als Gottes Wort so weit an ihm gewirkt hatte, trat er an einem Sonntag nach Schluß des Gottesdienstes aus eigenem Antrieb vor die

Gemeine hin, legte ihr ein aufrichtiges und vollständiges Bekenntnis seiner Sünden ab, ohne im mindesten etwas zu bemänteln oder zu entschuldigen, und bat sie mit thränenden Augen um Vergebung; insonderheit flehte er bei seiner Frau, seinem Sohn Jochem, dem alten Schulmeister an Stelle seiner längst heimgegangenen Schwester und den Pastoren demütig um Verzeihung. Er war ein anderer Mensch geworden.

Neuntes Kapitel.

Mittlerweile war das Gerücht nach Ebenezer gekommen, daß der Krieg zwischen den englischen Kolonien und den Franzosen, der sieben Jahre lang das junge Land geißeln sollte, bereits ausgebrochen sei. Pastor Bolzius hatte sich sogleich nach Savannah hinunter begeben, um nähere Erkundigungen einzuziehen. Hier hatte er zufällig den biederen General Oglethorpe wieder getroffen und von ihm einen genaueren Einblick in die Lage der Dinge erhalten. Wieder heimgelangt, berief der Pfarrer die Gemeine in der Schule zusammen und stattete einen Bericht ab. Seiner Mitteilung zufolge hatten die Franzosen, wie der General schon früher erzählt, wirklich Canada im Norden mit Louisiana im Süden durch eine Kette von Befestigungen verbunden, um den englischen Kolonien den großen Westen zu versperren, und waren noch eifrig an der Arbeit, immer mehr Niederlassungen zu gründen und Festungen zu erbauen. Da aber die Freibriefe der englischen Kolonisten auf das ganze Gebiet bis an die Küste des Stillen Meeres lauteten, so hatte Lieutenant-Governor Dinwiddie von Virginia diese Unternehmungen der Franzosen als eben so viele Angriffe angesehen und mit Zustimmung der Assembly den Major Georg Washington an den Kommandanten der Festung Duquesne in Pennsylvania abgefertigt mit der schriftlichen Aufforderung, die Festung zu räumen.

Auf dieser Expedition hatte der junge Washington schwere Strapazen durchzumachen und war mehrmals nahe daran, sein Leben zu verlieren. Seine Forderung aber wurde, als er endlich sein Ziel erreicht, höhnisch abgewiesen. Dieses Beginnen der Franzosen wurde jedoch jetzt die Ursache, daß die englischen Kolonieen, die bis dahin einzeln ihre Wege gegangen waren, ohne sich viel um einander zu kümmern, sich näher zusammenthaten und anfingen, sich als Bürger und Genossen eines Landes und Volkes zu fühlen. Durch ihre Vertreter beschlossen sie nun, den Angreifern mit Gewalt zu begegnen, brachten daher ein Regiment Soldaten auf und schickten es unter Washington gegen den Feind. Nachdem der angehende Feldherr eine Horde von franzosenfreundlichen Indianern auf den Great Meadows geschlagen, stieß er auf eine starke Heeresabteilung unter DeVilliers. Eilig zog er sich etwas wieder zurück und warf das Fort Necessity auf, wo er am 4. Juli (1754) angegriffen wurde. Nachdem er den ganzen Tag gegen einen fünfmal stärkeren Feind gekämpft hatte, kapitulirte er unter ehrenvollen Bedingungen und kehrte nach Virginia zurück.

„Jetzt wartet man," so schloß Pastor Bolzius, „auf Verstärkung aus England und hat einstweilen ein Schutz- und Trutzbündnis mit den Fünf Nationen abgeschlossen. Diese Indianer sind allerdings ein nicht zu verachtender Bundesgenosse, allein auch auf Seite der Franzosen steht eine große Anzahl von Indianerstämmen. Ja, die Wellen dieser Kriegsflut spülen bis zu uns her. In unserer Nachbarschaft liegen die Tschirokesen und Nattawegs, die es mit den Franzosen halten, schon seit einiger Zeit in blutiger Fehde mit den Krieghs und Uschies, welche hingegen unsrer Sache freundlich gesinnt sind. In den letzen paar Wochen haben die Tschirokesen, von denen ja unsre Hilabih kommt, verderbliche Niederlagen von den Krieghs und Uschies erlitten. Wo will das noch hinaus! Gott stehe unsrem armen Lande bei!"

Als der Pfarrer seinen Bericht beendet, betete er mit allen, die zusammengekommen waren, um Frieden.

Wenige Tage darauf fand das Leichenbegängnis des alten Schulmeisters statt. Er war eines Morgens tot in seinem Bett gefunden worden. Groß war der Schmerz Jochems über den Verlust seines Onkels, der für ihn ein treuer Wächter und ernster Warner gewesen war. Er hatte trotz seiner Wildheit ihn doch herzlich lieb gehabt und konnte sich jetzt nicht satt weinen, besonders wenn er daran dachte, wie oft und schwer er durch seine tollen Streiche diese treue Seele betrübt hatte. Mehr als halb Ebenezer hatte sich dem Trauerzuge angeschlossen; denn der dahingeschiedene Greis war wegen seiner schweren Prüfungen und reichen Glaubenserfahrungen, aus welchen er Belehrung, Ermahnung und Trost so reichlich mitteilen konnte, sowie wegen seiner himmlischen Gesinnung bei allen hochgeachtet und geliebt.

Der Tag neigte sich schon dem Abend zu, als der Zug sich vom Gottesacker wieder nach Ebenezer wendete. Im Süden stiegen schwarze Gewitterwolken im Flug empor und verdickten bald das Angesicht der späten Nachmittagssonne, die bis dahin mit fast erdrückender Schwüle herniedergebrannt hatte. Die Blitze begannen zu fliegen, und der in der Ferne dumpfdröhnende Donner rollte näher und näher. Der Sturm erhob jetzt die Flügel, daß die blecherne Fahne auf dem Brunnenhäus=

chen vor der Spinnerei schrill hin und her kreischte und die Baumwipfel rauschend sich beugten, und jagte die finstere Wolkennacht mit Windeseile herüber. Die ersten dicken Tropfen begannen hart zu fallen. Unser Zug erreichte jetzt die Kirche. Hier aber kamen Weiber und Kinder, die nicht mit zum Gottesacker gegangen, mit aufgeschürzten Ärmeln und fliegenden Haaren ihnen entgegen gelaufen mit dem Angstruf: „Die Indianer! die Indianer!" und suchten Zuflucht teils in der Kirche, teils in der Schule, teils auch in dem gegenüberliegenden Spinnereigebäude, wo noch einige andere Mädchen und Frauen mit dem Abhaspeln der Seidenkugeln beschäftigt waren. Auch die Leidtragenden erfaßte jetzt ein unerklärlicher Schrecken, der alles anzustecken schien, so daß auch sie anfingen, in kopfloser Hast aus- und durcheinander zu laufen und mit den andern sich durch die Thüren zu drängen, ohne recht zu wissen, warum. Der eine fragte hier, der andere da, und keiner konnte einen rechten Grund angeben, warum er so entsetzt sei, außer, daß einige eine große Horde von berittenen Indianern im feindlichen Ansturm gegen die Ansiedlung gesehen haben wollten. Die allgemeine Verwirrung und Angst wurde noch vermehrt durch das schauerliche Wetter, das jetzt mit Donner und Blitz losbrach, und der Regen begann sich in Strömen zu ergießen.

Doch nach einer kleinen Weile wurden die aufgeregten Gemüter allmählich wieder etwas kühler und ruhiger, und einige wagten es schon, über ihre thörichte Furcht zu lachen, da auch die angestrengtesten Blicke durch alle Fenster und Thüren und das aufmerksamste Lauschen nirgends etwas von Indianern entdecken konnten. David und Jochem suchten die Ihrigen, die im Gedränge von ihnen abgekommen waren, wieder auf und wollten dann, da der Regen ein wenig nachließ, zuerst von allen aus der dunklen Kirche sich hinausdrängen und heimgehen. Da erhob sich plötzlich ein Schrei des Entsetzens, und alles drängte besinnungslos in das Gebäude weiter herein. Man hatte zwei Indianer soeben auf der Savannah Road in rasender Eile vor der Kirche vorbei nach Norden jagen sehen, von denen einer eine weibliche Gestalt vor sich auf dem Pferde hielt, während der andere mit der Büchse in der Hand nebenher sprengte. Sie waren wie Schemen in Wind und Regen erschienen und wieder verschwunden.

„Es ist sicherlich ein Unglück geschehen!" rief jetzt Kalther über die ganze Menge. „Wer hat noch Angehörige zu Hause?"

Alle sahen sich forschend um. David erblickte nirgends weder seine Mutter, noch Hiladih. Seine Mutter hatte nicht mit zur Leiche gehen können, weil sie sich sehr unwohl fühlte, und Hiladih, aus welcher immer noch nicht herauszubringen war, warum sie fortwährend so niedergeschlagen sei, war bei ihr geblieben.

„Marie und Louise!" sagte David zu seinen beiden Schwestern, „ihr könnt mit Lenchen hier bleiben. Johem! deine Frau kann ja mit ihrem Kleinen auch hier bleiben. Komm, laß uns beide hineilen und sehen, was passiert ist! Da vorn steht ja der starke Fritz; der kann auch mitgehen!"

Diese drei wanden sich durch die Menge hinaus, um trotz des Regens, der nun fast zum Wolkenbruch wurde, während der Donner ununterbrochen niederkrachte und fortrollte, vor allem zuerst nach der Wohnung der Witwe Rahn zu eilen. Kalther war ihnen schon voraus und sprang durch die Fluten und Gluten dahin auf sein Haus zu, wo Wilhelm mit seinen kleinen Geschwistern allein zurückgeblieben war. Er fand alles wohlbehalten, obwohl die Kinder aus Angst vor dem schreck=

lichen Wetter zitterten und weinten. Er verließ sie nach ein paar Worten des Trostes jedoch gleich wieder, um bei Witwe Rahn und andern Häusern nachzusehen.

Bei Witwe Rahn aber waren die andern schon angekommen und standen entsetzt. Da lag die kranke Mutter Davids bleich am Boden, mit dem groben Handtuch als Knebel fest im Munde und an Händen und Füßen mit Fetzen vom Bettlaken und anderm Zeug gebunden.

„Mutter! Mutter! was ist das?" rief David, indem er hinzutrat, den Knebel aus ihrem Munde nahm und ihre Bande löste. „Uns Himmels willen!" stieß er dann heraus; „sprich, was ist geschehen? Wo ist Hilabih?"

„Die Indianer," hauchte sie, kaum ihrer Sprache mächtig, „haben — Hilabih geraubt. Ich wollte sie schützen. Da haben sie mich gebunden und mir mit dem Tode gedroht."

„Wie viele waren es?" fragte Kalcher.

„Zwei!" war die Antwort.

„Vater!" sagte David zu Kalcher rasch entschlossen; „bleib du hier und versorg die Mutter! Ich will den Räubern nach! Wer geht mit?" wandte er sich zu den andern Beiden.

„Kannst du noch fragen?" rief Jochem.

„Wo sind Pferde und Waffen?" frug Steiner.

„Jochem und Fritz!" sagte Kalcher; „ihr beiden könnt meine Pferde nehmen. David nimmt sein eigenes!"

Jochem und Fritz eilten David nach hinaus.

„Die Flinten hangen in der Schlafstube unterm Balken!" rief Kalcher, zur Thür springend, ihnen nach.

In kurzem waren alle drei auf ihren Pferden bei einander, mit Gewehren, Äxten und Messern bewaffnet, und jagten davon, daß der Kot haushoch flog.

Wind und Wetter hatten jetzt über Ebenezer ausgetobt; die finstern Gewitterwolken entschwanden nach Norden, und immer ferner und seltener wurde das Rollen des Donners. Die zusammengeflüchtete Menge wagte es jetzt, aus Kirche, Schule und Spinnerei mit Herzen voll banger Erwartung nach Hause zu eilen, wo alle mit freudiger Überraschung und Dank gegen Gott Haus und Hof und Angehörige unverletzt fanden.

Unsere drei Reiter hatten bald den Ebenezerfluß am Fuße des Blauen Berges erreicht. Von allen Höhen rieselten und plätscherten die Bäche des niedergeströmten Regens demselben zu und halfen seine trägen Fluten schwellen und beschleunigen. Als sie über die hallende Brücke sprengten, brach die Abendsonne noch einmal unter den Wolken hervor, und die nassen Blätter des Waldes glitzerten buntfarbig in ihren goldenen Strahlen, während in den östlichen Gewölken ein prächtiger Regenbogen sich wölbte. Allenthalben duftete das fast verdurstet gewesene Grün in neuer Lebensfrische.

Doch das alles erregte nicht die Aufmerksamkeit unserer drei Freunde, deren dampfende Rosse nun die stark steigende Straße um die Mitte des Blauen Berges hinankeuchten. Da bemerkten sie, daß sie die Spur der fliehenden Räuber, welche bis dahin in dem aufgeweichten Kot so deutlich war zu sehen gewesen, verloren hatten. Zu gleicher Zeit schlug ein schwacher Notschrei an Davids Ohr. Mit einem so plötzlichen Ruck hielt er seinen Renner an, daß er hinten zu Boden glitt. Seine Begleiter hielten gleichfalls inne und fragten, was es gebe. David horchte. Der Schrei wiederholte sich. Er kam aus der dichtbewaldeten Thalsenkung zur Linken. Ohne ein Wort zu verlieren, riß er sein Pferd herum und sprengte mit halsbrechender Verwegenheit den Abhang hinunter in das dunkle

Gehölz hinein. Die andern beiden folgten, so schnell sie konnten.

Da bot sich ihnen ein Anblick dar, der ihre Haare emporsträubte. Es war Hiladih. Sie stand, fast nackend, mit Händen und Füßen an eine Fichte gebunden, und sieben Pfeile spickten an verschiedenen Stellen ihren Körper, deren Federn den Ankommenden entgegenstarrten. Ein Strahl der Freude glänzte über das matte Angesicht des unglücklichen Opfers, als sie David erblickte. Alle drei sprangen von ihren schnaubenden Tieren, und während Jochem und Fritz vor Entsetzen nichts anzugreifen wußten, schnitt David die Binde ab und fing die ohnmächtig Werdende mit seinen Armen auf. Dabei flißen zwei Pfeile sich wieder ihn, von denen einer abbrach, der andere aber noch tiefer in die Brust Hiladih's sich einbohrte. Jammernd vor Herzeleid, ließ David mit Hülfe Jochems sie sanft auf das Gras nieder und bettete ihr Haupt auf seinen Schoß, indeß Fritz auf seinen Wink den Rock auszog und ihre Blöße damit zudeckte.

„O Gott! Sie stirbt! Sie stirbt!" schluchzte David, und seine Thränen rannen auf ihre Stirn nieder.

„Ob nicht die feigen Mädchendiebe noch irgendwo hier hinter den Gebüschen lauern?" sagte Jochem, indem er umherspähte. „Was ist dies hier?" fragte er dann, eine kleine Kürbisflasche, die etliche Schritte abseits lag, aufhebend.

„Gewiß Feuerwasser," meinte Steiner, „woraus die Mordbuben sich Courage angesoffen haben. Riech mal drauf!"

„Richtig!" sagte Jochem, nachdem er den offenen Hals an seine Nase gehalten; „es ist eine Branntweinflasche. Und etwas ist noch drin!" setzte er dann, die Flasche schüttelnd, hinzu.

„Herrlich! Her damit!" sagte David.

Jochem goß ihm etwas davon in die Hand und er rieb damit Stirn und Schläfe der Ohnmächtigen; während Steiner behutsam und sachte fünf Pfeile auszog. Die andern beiden aber staken zu tief, daß sie fürchten mußten, wenn sie auch diese auszögen, so würde sie nur um so schneller sich verbluten.

Nach einigen Minuten kehrte ihr Bewußtsein zurück, und ein mühmütiges Lächeln glitt wieder über ihre Züge, als sie über sich in Davids nasse Augen blickte.

„Jetzt hurtig!" sagte David zu den andern beiden; „Jochem und ich tragen sie sanft nach Haus und du, Fritz, jagst voraus und holst uns den Arzt entgegen. Du könntest schon fort sein, wenn man seine fünf Sinne immer bei einander hätte!"

„Nein, David, laß nur!" sagte Hilabih matt und langsam; „ich gehe jetzt heim. Es ist vorbei. Nur noch eine kurze Frist, so bin ich erlöst. Thut mir die Liebe und laßt mich hier in Gottes grüner Schöpfung ruhig sterben. Hier am Ufer des Ebenezer, unter dieser selben mächtigen Fichte wurde ich einst in diese Welt geboren; hier laßt mich auch in den Himmel geboren werden! Weine nicht um mich, David!"

„O!" stöhnte dieser, „müssen wir uns so wiedersehen, Hilabih! Mir ist, als träumte ich. Wie ist das nur zugegangen?"

„Unser Stamm," erzählte die Sterbende, nachdem sie noch ein wenig geruht hatte, mit leiser Stimme, „unser Stamm hat Unglück im Kriege. Meine Mutter hat aus Offenbarung der Götter erklärt, es liege ein Bann auf dem Volke, weil ich unter den Blaßgesichtern wohnte und die Götter meiner Väter verlassen hätte. Sie sollten mich lebendig oder tot euren Händen entreißen, so sei der Zorn der Götter gesühnt. Ein Franzose, der vor einiger Zeit sich bei nächtlicher Weile in Ebenezer herumgetrieben und mich daselbst gesehen, hat ihnen meinen Aufenthaltsort verraten. Um das Hindernis ihres Kriegsglücks aus dem Wege zu räumen, haben dann zwei Krieger — sie wußten nicht genug von ihrer kühnen Heldenthat zu prahlen — es unternommen, mich zu rauben. Als sie in fliegendem Galopp mit mir bis hierher gekommen waren, keuchten ihre Pferde, als wollten sie erschöpft niederstürzen, und der Regen ergoß sich eben in solchen Fluten, daß sie beschlossen, ein wenig anzuhalten, indem sie sich hier außer Gefahr wähnten. Sie sprachen in ihrer Siegesfreude dem Branntwein sehr stark zu und wollten dann in ihrem Rausche mir Gewalt anthun. Ich setzte mich den taumelnden Buben zur Wehre mit aller Kraft, die mir noch übrig geblieben war, und schrie zum Herrn in meiner Not. Mein Widerstand aber brachte die erhitzten Köpfe so auf, daß sie meine Kleider in Streifen rissen, zu Seilen zusammendrehten und mich damit hier an den Baum banden. Dann stellten sie sich eine Strecke zurück und schossen ihre Pfeile in mich, indem sie mit teuflischer Lust durch langes Zielen mich marterten. Sie waren eben noch in dies ihr Ergötzen vertieft, als die Hufe eurer Rosse dort über die Ebenezerbrücke donnerten. Hals über Kopf warfen sie sich auf ihre Pferde und flohen."

„Die scheußlichen Bestien!" fuhr Steiner los.

„Gott erbarme sich über diese blutgierigen Teufelsknechte!" seufzte Jochem.

„Ich sterbe!" sagte dann Hilabiß wieder, die nun von dem langsamen, aber beständigen Blutverlust aus so vielen Wunden sichtlich schwächer wurde. „David, ich danke dir von Herzen für alle Liebe, die du mir, dem armen roten Kinde des Waldes, während dieser ganzen Jahre so großmütig bewiesen hast.

Vergieb mir alles, was ich dir in meiner Thorheit und Schwachheit zu Leide gethan habe. Willst du?"

„Gern, Hilabih!" meinte David, „gern wollte ich dir vergeben, wenn du mich jemals beleidigt hättest. Hast du," fuhr er nach einigen Augenblicken fort, „noch einen Wunsch auf dem Herzen? Sag ihn mir, ich will ihn treulich erfüllen."

„Bring deiner frommen Mutter," gab sie zur Antwort, „und deinen lieben Schwestern, sowie auch den Herren Pastoren meinen innigsten Dank für alles Gute, das sie der armen Hilabih erzeigt haben, sonderlich, daß sie mich zum Heiland geführt haben. Und sorg dafür, bester David, daß ich neben den weißen Kindern Gottes auf dem Gottesacker zu Eberzer christlich bestattet werde — wenn das nicht eine zu unverschämte Bitte ist."

„Was denkst du, Hilabih! Zu unverschämt? Nein, wahrlich, Hilabih, vor Gott gilt kein Ansehen der Person, und die Hautfarbe macht vor ihm keinen Unterschied. Du bist unsre liebe Mitschwester in Christo, und es wird uns allen eine Freude sein, deine Bitte zu erfüllen."

„Noch eins, David!" fuhr sie nach einem dankenden Blick fort, indem sie bittend seine Hand erfaßt; „nimm keine Rache für meinen Tod! Hörst du? Nimm keine Rache!"

David schwieg einen Augenblick und sah ihr in die sterbenden Augen. Er schien tief zu sinnen. Dann sagte er lebhaft und seine Blicke leuchteten: „Hilabih! ich will Rache nehmen! Ja, ich will! Aber eine andere Rache, als du fürchtest. Mich jammert deines verlornen Volkes. Ich will sein — Missionar werden! Ja, hier vor deinen sterbenden Ohren und im Angesichte Gottes gelobe ich es, ich will deinem Volke das Evangelium von unsrem Heilande bringen. Das soll meine Rache sein!"

Jochem und Fritz sahen einander erstaunt an.

„Was!" rief Steiner aufspringend, „diesen Blutigeln, diesen roten Teufeln, diesen branntweinversoffenen —!"

„Nimmermehr!" fiel Jochem ein. „Du gingest dem gewissen Tode entgegen! Das hieße fürwahr, den Hals unter das Beil legen!"

„Wozu habe ich meinen Hals anders," sagte David ruhig, „als ihn für meinen Heiland abschlagen zu lassen? Ich werde Missionar! Das ist kein Einfall des Augenblicks; ich habe es schon lange mit meinem Gott erwogen, und mit Fleisch und Blut will ich mich nicht bereden. Es bleibt dabei! Also still davon!"

„Gott lohne dir's in Ewigkeit!" sagte Hilabih freudig erregt und ihre Augen feuchteten sich. „Nun sterbe ich fröhlich. Ich bin ganz zufrieden; habe ich doch meinen Heiland gefunden. Ich könnte ja nun auch in dieser Welt keine Freude mehr haben, da du mit einer andern ——." Sie schwieg plötzlich still, als hätte sie zu viel gesagt.

David erbleichte und wich den matten Blicken Hilabihs aus; die Worte erstarben ihm auf den Lippen.

Die andern beiden sahen fragend bald auf David, bald auf die Indianerin.

„David!" hob diese mit sichtlicher Mühe wieder an, und ihre Stimme sank zum Geflüster herab; „David! grüße — deine — Braut! — Leb wohl! — Christe, du Lamm ——." Ihr Bewußtsein schwand wieder, und der Todeskampf begann. Nach einer Viertelstunde heftiger Krämpfe, während unsre drei Freunde erschüttert in stiller Fürbitte für die Sterbende die Hände falteten, hatte sie ausgelitten.

Nachdem David ihr unter strömenden Thränen die Augen zugedrückt, zogen sie die noch übrigen Pfeile sorgfältig aus dem

Leichnam, hüllten denselben in ihre Röcke und hoben ihn vor David aufs Pferd, welches Jochem am Zügel faßte und leitete, und so zogen sie langsam auf Ebenezer zu, wo sie erst ankamen, als schon die Sterne am Himmel leuchteten, und die Ihrigen große Angst um sie ausgestanden hatten.

Zwei Tage darauf wurde sie beerdigt. Pastor Bolzius hielt eine ergreifende Leichenrede über Jes. 60, 1—6. Fast die ganze Gemeine folgte der Bahre nach, und zahllos waren die Thränen, die am Sarge dieser jungen Christin vergossen wurden, welche der Herr aus den Horden der Wildnis in sein Gnadenreich gerufen und nun nach kurzem Christenlauf schon in seine himmlische Hürde heimgeholt hatte.

David stand, in seine traurigen Gedanken verloren, mit einigen andern noch am Grabe, als dieses längst zugeworfen war und der Trauerzug sich bereits vom Gottesacker auf den Heimweg begeben hatte. Er hob jetzt seine verweinten Augen auf und blickte gedankenvoll auf den vorbeiflutenden Savannah hinab, auf dessen hohem Ufer der Gottesacker ruhte. Da zog etwas seine Aufmerksamkeit auf sich. Überrascht wandte er sich zu Jochem, der neben ihm stand, und fragte, auf die Wogen hinunter zeigend: „Ist das nicht ein menschlicher Leichnam, was da unten in den Wellen keine fünfzig Fuß vom Ufer entfernt vorbeitreibt?"

„Ganz sicher!" gab der Gefragte, nachdem er scharf heruntergelugt, zur Antwort, und gleich stimmten auch Lenchen und Marie und die andern damit überein.

„Komm!" sagte David zu Jochem, sich umwendend, und eilte voran. Sie liefen zur Sägemühle hinunter, sprangen in einen Kahn und ruderten mit aller Kraft den Mühlfluß hinab nach dem Savannah. Als sie diesen erreichten, trieb ihnen der Leichnam schon entgegen. Sie fingen ihn auf; es war die

Mutter Hilabihs, von Tomahawks am ganzen Körper scheußlich zugerichtet. Kaum vermochte David seine alte Quälerin wieder zu erkennen. Schaudernd über den Ernst des Gottes, der sich nicht spotten läßt, zogen sie den Körper, der noch im Tode das Gepräge der entmenschten Seele trug, ans Land, holten eine Schaufel und scharrten die gerichtete Zauberin am Ufer schweigend ein.

Als David noch an demselben Tage seiner Mutter eröffnete, welchen Entschluß er beim Tode Hilabihs gefaßt habe, wäre sie schier umgesunken. Doch sie raffte sich bald auf und sagte: „Mir hat es schon lange geahnt. Doch es sei ferne von mir, mein Sohn, dich auch nur mit einem Wort zurückhalten zu wollen, obwohl mein Haar bereits am Ergrauen ist und mein Fuß schon am Rande des Grabes wankt. Gehe hin, mein Segen ruhe auf deinem Haupte! Sollten wir uns dann hier nicht wiedersehen, so wird es doch dort geschehen." Sie ließ ihren Thränen freien Lauf.

„Lenchen!" fragte David dann seine Braut, „folgst du mir mitten unter die Wölfe und Tiger?"

Sie sank an seine Brust und sprach, froh entschlossen: „Ich folge dir bis in den Tod und lasse nicht von dir! Wo du dem Herrn dienst, da will ich dir helfen, und wo dein Grab einst aufgeworfen wird, da werde auch meins gegraben!"

Kalcher aber versprach sofort, die Hälfte seiner ganzen Habe zum Unterhalt Davids und zur Förderung seines Werks herzugeben.

Gleich am nächsten Tage ging David zu dem erstaunten und erfreuten Pastor Bolzius, um sich unter seiner erfahrenen Leitung auf dieses schwerste und zugleich herrlichste aller Ämter auf Erden vorzubereiten.

www.ingramcontent.com/pod-product-compliance
Lightning Source LLC
Chambersburg PA
CBHW020906230426
43666CB00008B/1334